진공 청소기 김 남 일

KIM NAM IL

진공 청소기 **김남일**

발 행 일	2002년 8월 10일 1판
기 획	서음 미디어
펴 낸 곳	서음 출판사
펴 낸 이	이 광 희
출판등록	1976년 5월 14일 No. 6-0379
주 소	서울시 동대문구 신설동 94-11
전 화	(02) 2253-5292, 3
팩 스	(02) 2253-5295

http://www.seoeum.co.kr

디 자 인 |
표   지 |

ISBN 89-85223-09-7
Printed in Korea

✳ 잘못 만들어진 책은 교환해 드립니다.

플레이어는 태어나는 것이 아니라 만들어지는 것이다.

진공 청소기 김남일

서음출판사

머 리 말

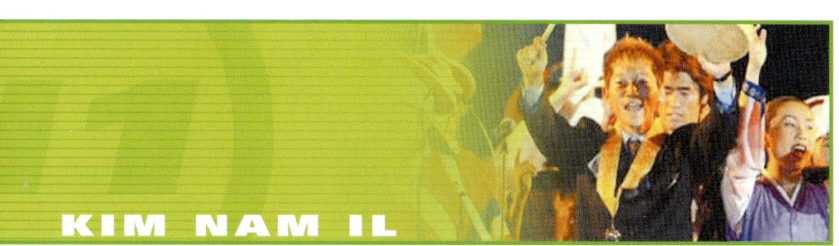

KIM NAM IL

2002년 6월은
대~한민국
오~필승! 코리아~~~
로 우리 모두를 덮어 버렸습니다.
4,800만이 하나가 된
우리 자신이 한없이 자랑스럽습니다.
그해 6월, 고통과 소망과
환희의 시간들이 다 지나가 버렸네요.
저, 좋아하는 분들... 저 좋아하지마세요.
별거없는 인간이니까요.
팬 여러분 사랑합니다.
모든분들 다요.
2006년 독일 월드컵에서 더 큰
꿈★은 이루어질것입니다.

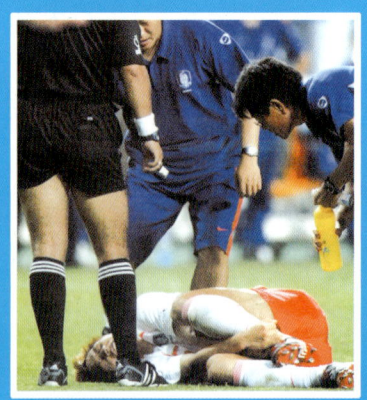

K·I·M·N·A·M·I·L

당신이 넘어졌을때...
우리는 가슴을 움켜잡으며
걱정했습니다

당신이 쓰러졌을때...
우리는 한 없이 눈물을
흘렸습니다

우리는 느낄수 있었습니다
당신의 빈자리를...

N1

당신이 있는 곳이라면...
우리가 항상 같이하고 있다는 것을...

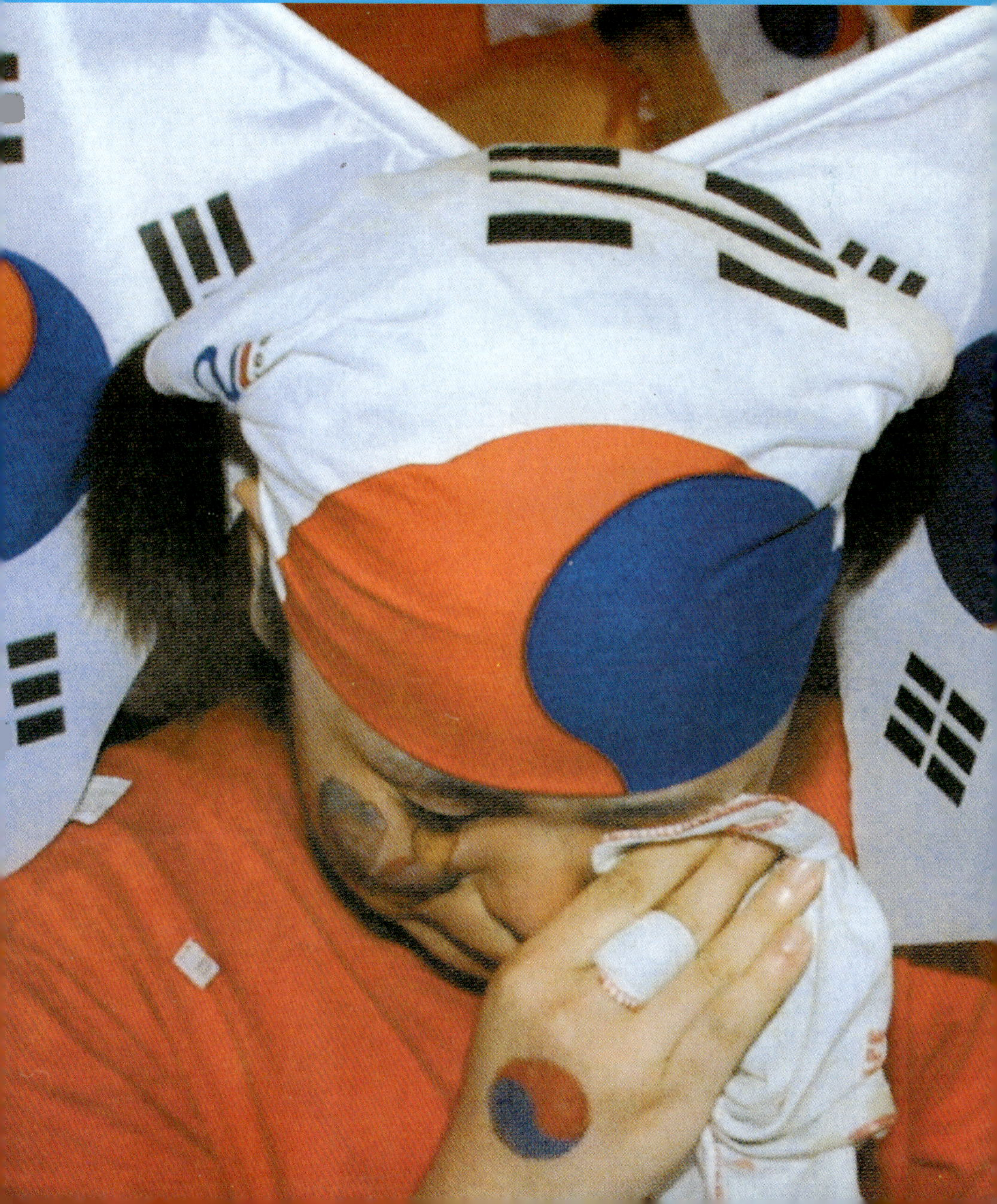

당신을 위해 우리들이 여기에 이렇게 모여...
당신을 바라보고 있습니다.
우리를 위해 당신의 진정한 모습을...
당신을 위해 소리 높여 당신의 이름을 불러 봅니다.

수없이 두드리고 후벼 파도 끝끝내 열리지 않았다.
우리는 가슴을 조이며, 수없이 외쳤다.
제발! 제발! 열려다오.
안타까운 90분의 모든것...

하지만, 우리는 당신들을 믿었습니다.

그대로 공중을 향해 솟구쳤다.
하얀 그물은 거짓말 처럼 출렁였다.

들리는가... 이 함성이... 대~한민국 짝짝짝 짝짝...

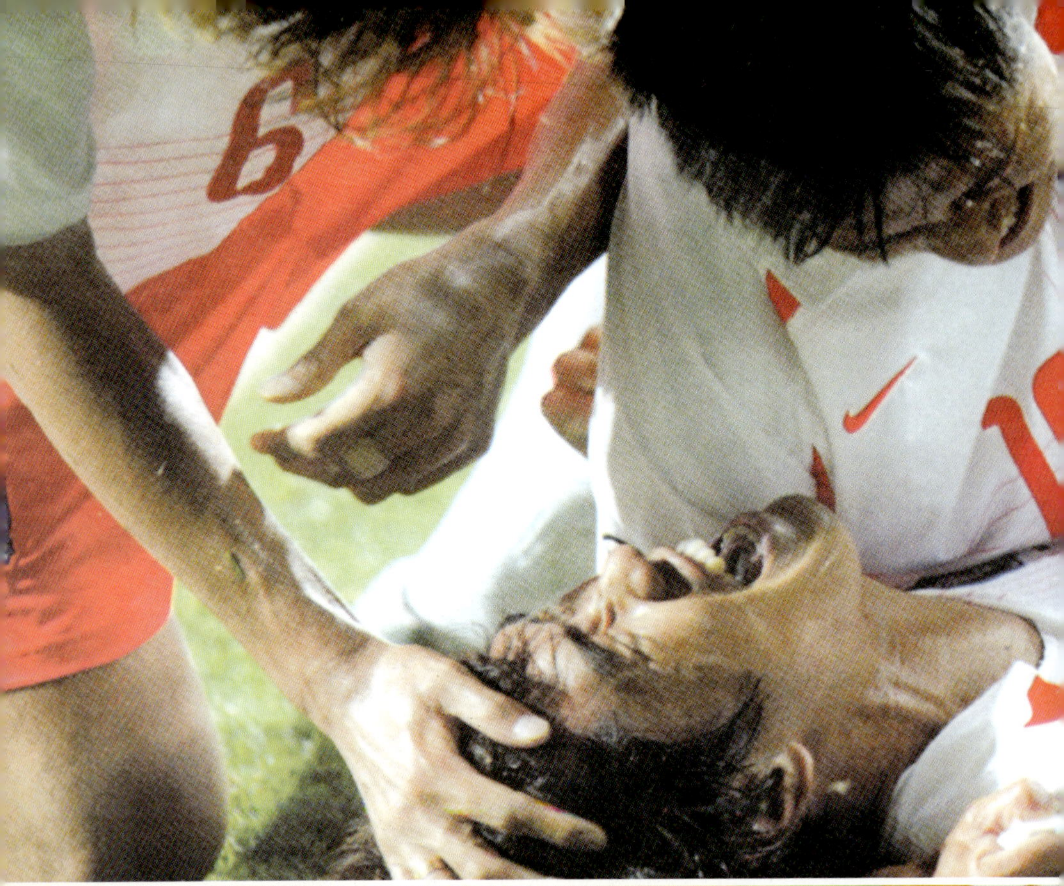

우리들은 외쳤습니다.
있는 힘을 다해!!!

목이 터져라
목이 찢어져라
소리 높혀서...

당신들의 이름과
우리가 하나되는 이 구호를
우리는 잊을 수가 없습니다

대한민국 짝짝짝 짝짝...
대한민국 짝짝짝 짝짝...

진공 청소기 김남일

Contents
차 례

PART 1 • 김 남 일 자전적 스토리 — 33

PART 2 • 김 남 일 신드롬 — 78
우리를 열광케 하는 터프가이

PART 3 • 초대형 허리케인 N1 — 117

PART 4 • 남이리 오빠 사릉훼요. — 145

KIM NAM IL Story

PART 1
KIM NAM IL STORY BOX

김남일 자전적 스토리

내 삶에서 빼놓을 수 없는 곳이 있다.
바로 인천 앞바다의 섬 무의도다.
이곳에서의 추억은 지금도 내 삶의
자양분 역할을 톡톡이 하고 있다.
언젠가는 무의도를 찾아 텐트를 치고
밤 낚시를 하며 어린시절의
추억에 젖어들고 싶다.

PART 1

- ▶ 스물다섯살의 작은 이야기
- ▶ 내고향 무의도
- ▶ 섬에서 뭍으로
- ▶ 아버지의 눈물
- ▶ 히딩크 감독님, 무의도 매운탕 드셔 보실래요?
- ▶ 영원한 나의 스승 이회택 감독
- ▶ 노랑머리가 매력 포인트라구요?

- ▶ 나는야 '꼬마 카수'
- ▶ 월드컵이 맺어 준 귀한 인연들
- ▶ 어머니, 어머니, 우리 어머니
- ▶ 운명적 사랑을 하고파...
- ▶ 나도 이젠 인기인...
- ▶ 차안에서 밤을 지샜다는 아버지
- ▶ 할머니의 김치찌개

스물다섯살의 작은 이야기

잠에서 깨어나 보니 스타가 되었더라. 자고 났더니 세상이 변해 있더라.....
하루 아침에 정상에 올라선 사람들이 자신의 행운을 단적으로 표현한 이 말이 내게도 해당될 줄은 꿈에도 몰랐다.
2002년 6월, 월드컵 기간중 인터넷에서 나의 팬 클럽 사이트가 무려 600개나 생겼고 팬클럽 회원이 70만명이라는 말에 그저 놀라울 뿐이었다. 게다가 어떤 인터넷 사이트에서 조사한 가장 몸매가 잘 빠진 축구선수로 월드컵 대표팀 선수들 가운데 내가 뽑혔다는 것이다. 여성 팬들의 사랑을 받고 있다는 말인데 솔직히 좀 당황스럽고 쑥스럽다.
CF 모델로 잘 생긴 외모와 부드러운 남성의 이미지를 유감없이 발산하여 여성 팬들의 열화와 같은 사랑을 받고 있는 꽃미남 안정환형과 비견될 만큼 선풍적인 인기몰이를 하고 있다는 보도를 접할 때면 고개를 갸웃하며 생각해 본다.

김남일 자전적 스토리

나의 어떤 점이 여성 팬들에게 어필하는 것일까?
내 나이 스물다섯, 신체조건은 키 181cm, 몸무게 75kg, 포지션은 수비형 미드필더. 미드필더는 축구경기에서 공격과 수비의 제1전선으로 승패를 좌우하는 중요한 포지션이지만 관중들의 환호와 박수를 받는 화려한 자리가 아니다.
언제나 골인의 주역이 박수갈채와 환호를 받을 수 있도록 여건을 조성해 주는 것이 미드필더의 소임이다. 하여 팬들의 관심과 집중이 나에게 까지 쏠리기 어렵고, 추남은 아니지만 미남도 아닌 평범한 얼굴 모습에 밤송이처럼 짧게 깎은 노랗게 염색한 머리, 내가 봐도 성깔있어 뵈는 날카로운 눈매, (경기 중에만 그렇지 보통 땐 눈이 예쁘다)직설적이고 다소 거친 말씨, 도무지 여자가 좋아할 조건이 갖추어지지 않았는데 여성 팬 숫자가 괄목할 만큼 늘었다고 한다.
십대 소녀에서부터 오빠부대, 아줌마들까지 합세하여 '별볼 일 없는 나를 별볼 일' 있게 만들어 준 인기 상승세의 원인을 역설적으로 생각해 보면 경기 중에 악바리처럼 세계적인 축구스타들과 맞장을 뜨고 기어이 길목을 차단하는 파워 플레이가 그들의 눈길을 끌었던 것이 아닌가 싶다.
미국전에서 하필이면 내가 욕설을 뱉는 입모양이 TV 카메라에 잡혔다. 송종국에게 거칠게 반칙을 하고도 적반하장격으로 나오는 미국선수의 뻔뻔한 태도에 화가 나서 그만 욱하는 성질을 참지 못하고 입에서 나오는 대로 욕설을 퍼부었는데 그것이 오히려 여성 팬들에겐 터프하게 보였던 모양이다. 소리는 나지 않았지만 입모양 만으로도 내가 한 욕설 XXXXX아! 이 욕설이 여성 팬들 사이에서 회자되며 터프가이로 인기의 줏가를 더욱 올렸단다.

그 말을 전해 들었을 땐 좀 부끄럽고 낯 뜨거웠다.
하여간 내 언행 하나 하나가 세인들의 관심을 끌고 화젯거리가 될 만큼 인기있는 축구선수가 되었구나. 출세란 바로 이런 것이구나 하는 것을 하루하루 새롭게 깨달아 간다.
아아, 내 생에 봄날이 온 것이다. 뛸 듯이 기쁜 환희에 들떠 정신이 앗찔하다가도 내 생에 봄날은 이제 겨우 문턱에 들어 선 것이며 더욱 화창한 봄날을 맞이하기 위해선 더욱 피나는 노력을 하지 않으면 안된다는 무거운 부담감으로 어깨가 무겁다. 내 생에 봄날은 간다? 노우! 내 생에 봄날은 이제부터 시작이야. 무의도에 가고 싶다.
기쁠 때나 슬플 때 나는 어린시절을 보낸 내 고향 무의도를 향해 달려 간다.

2:0

이 순간을 위해 우리는 끝없이 달렸왔다

내 고향 무의도

인천 앞바다에 떠있는 섬 무의도가 나의 고향이다. 본적지는 경상북도 상주지만 나는 무의도에서 태어났다.

지금은 국제공항이 들어선 영종도가 이웃에 있는, 인천항에서 배로 1시간 거리의 대소무의도(大小 舞衣島). 큰섬 작은섬으로 떨어져 있으나 대소무의도의 주민은 모두 5백여명으로 작은 섬이다. 나는 그 곳에서 일곱 살까지 살았다.

아버지는 어선 한 척을 가진 선주였다.

'섬집 아이' 동요처럼 파도소리 자장가 삼아 평화롭게 잠이 들고 깨어나면 바다에 나가 물놀이 하면서 소라, 고동을 건지고 고기도 잡던 어린시절이 어제인 듯 기억 속에 선연하게 남아 있다. 선주이자 어부인 아버지가 배를 타고 인근 바다로 고기잡이를 떠나시면 큰형 작은형 나, 우리 삼형제는 바다로 나가 왼종일 바닷가에서 놀았다.

PART 1

특별한 놀이기구 하나 없어도, 뭍의 아이들이 즐겨 먹는 간식거리 과자 한 봉지 사주지 않아도 우리는 매일 즐겁고 배부르고 신이 났다.

바다는 우리가 원하는 간식거리를 충분히 제공해 주었다.

바다는 아침 저녁으로 밀물 썰물 그리고 파도의 변화를 보여주어 어린 우리 형제들로 하여금 자연에 대한 무한한 경외심과 신비감을 갖게 했다. 누군가 나에게 가장 아름다운 시절을 꼽으라고 하면 무의도에서 살았던 내 유년시절이라고 서슴없이 대답하고는 한다.

배에서 안전사고로 인명피해가 생겨 아버지의 생업이 여의치 않게되자 우리는 무의도를 떠나 뭍으로 나왔다. 내가 일곱 살 때의 일이다. 그 후 20여년이 흘렀다.

나는 이따금 무의도를 찾아 간다.

아직도 그곳에 고모님 한분이 살고 계셔서 나와 고향과의 인연을 이어주고 있다.

청년이 되어 어린시절 천방지축으로 뛰어 놀던 무의도 고향 마을 고샅을 지나 바닷가를 거닐며 추억에 잠겨보는 것도 굉장히 즐겁다.

바다에 낚시를 드리우고서 물에 들어가 자맥질 치던 벌거숭이 시절을 돌이켜 보는 그 순간의 행복을 나는 즐긴다.

월드컵이 끝나면 시간을 내어 무의도에 꼭 가야지 했는데 그 계획을 이행하는 일이 생각처럼 쉽지가 않다.

이젠 내가 마음대로 움직일 수 있는 자연인의 자유를 누릴 수 없는 처지가 되었다.

팬들의 열화와 같은 사랑을 받는 축구선수가 되었으면 했던 바램은 이루어졌다.

그런데 팬들의 사랑을 받는 댓가로 나는 내 마음대로 움직일 수 있는 자유를 잃었다. 아무튼 행복한 불만이요, 불평이다.
월드컵이 끝났어도 나는 집에 가지 못했다.
아니 집에 갈 수가 없었다. 집에까지 찾아와 집 앞에서 내가 나타나기를 기다리고 있는 열성적인 극성 팬들 때문이다.

PART 1

섬에서 뭍으로

내가 축구를 처음 시작한 것은 초등학교 3학년 때다. 무의도에서 인천으로 이사하여 나는 송월초등학교에 입학했다. 3학년 가을 운동회 날 달리기에서 1등을 했는데 내가 달리는 모습을 유심히 지켜보신 선생님께서 나를 불러 축구를 해보지 않겠느냐? 하시며 축구부에 들것을 권유했다.

나는 아버지께 선생님의 말씀을 전하고 축구를 하겠다고 했더니 아버지는 반대하셨다. 그때 나는 내 또래 아이들 보다 작아서 별명이 땅콩이었다.

유난히 조그만 내가 몸싸움이 잦은 종목인 축구를 하다 혹시 치명적인 부상이라도 당하면 어쩌나 싶어 아버지는 극구 만류 했으나 한번 공을 차본 나는 마치 마력에 이끌리듯 축구에 빠져들었다. 축구가 너무 재미있고 좋아서 밥 먹는 것 조차 잊고서 공을 찼다.

그 1년 뒤 전국 초등학교 축구대회에서 나는 득점왕으로 뽑혔다. 내가 축구하는 것을 반대하고 만류하시던 아버지도 내가 전국대회에서 득점왕이 되자 대견해 하시며 나를 위해 동네잔치를 열었다.

아버지가 나의 든든한 후원자로 나서신 것이다.

나는 초등학교 때부터 축구부 주장을 맡았다.

가냘픈 체구에 개구였던 내가 축구부 주장을 맡을 수 있었던 것은 나에게 나름대로 리더로서의 카리스마가 있었기 때문이다. 무의도에서도 동네 꼬마대장 노릇을 했는데 인천으로 이사와서도 나는 동네 아이들을 한순간에 휘어 잡았다. 그리하여 우리 동네 골목대장이 되었는데 그때부터 내 속에 강인한 기질, 즉 카리스마가 싹트고 있었던 모양이다.

송월초등학교 5학년 때의 일로 기억된다. 나는 이미 축구부 주장이었다.

어느 날인가 축구부 친구 하나가 울면서 등교했다.

"야, 사내자식이 아침부터 왜 울어?" 하고 물었더니 그 친구가 이웃 중학교 학생에게 돈을 빼앗겼다는 것이다.

생김새를 말하는 것으로 보아 근방의 초등학생들을 상습적으로 때리고 돈을 빼아가는, 이미 악명이 자자한 바로 그 중학생의 소행임에 틀림없었다. 반 친구들이 돈을 빼앗기고 얻어 맞았다는 소리를 여러 번 듣고 이자식을 한번 손봐주어야겠다 했었는데 이번엔 축구부원까지 건드렸다는 사실에는 참을 수가 없었다. 그날 오후, 나는 전 축구부원을 소집하여 이끌고 갔다. 학원 폭력의 주범인 그 중학생이 지나다니는 길목을 지키고 있다가 녀석이 나타나자 작전대로 순식간에 녀석을 에워쌌다.

그리고 앞으로 송월초등학교 학생들을 괴롭히면 그땐 정말 가만두지 않겠다고 윽박질렀다.

상대가 초등학생이지만 우선 아이들의 수에 눌려 기가 꺾인 데다 축구로 단련된 날쌘 아이들이라는 것을 알아챈 녀석이 앞으로는 절대로 그러지 않겠다고 아이들 앞에서 맹세했다. 맹세를 시키고야 풀어주면서 우리보다 상급생인 악동을 혼냈다는 통쾌함으로 가슴 뿌듯했었던 기억이 지금도 새롭다. 축구부원을 일시에 소집하고 또 그들을 설득하여 움직이게 했던 나의 리더쉽. 그것이 카리스마가 아닌가?

하여간 나는 중학교 때도 대학 때도 줄곧 축구팀 주장을 맡았었다.

아버지의 눈물

세상의 부모치고 누구나 자식에 대한 사랑으로 헌신적인 노력을 아끼지 않으시겠지만 우리 부모님의 경우처럼 자식 때문에 고생을 많이 하신 분도 아마 흔치 않을 것이다.

무의도 섬에서는 배가 있어 부유하지는 않지만 생활하는 데는 별 어려움이 없었다. 그러나 섬을 떠나 인천으로 생활 근거지를 옮긴 다음 부터는 생계가 막연했다.

자식들 교육을 위해 큰 결심을 하고 섬에서 뭍으로 건너오기는 했지만 이렇다할 기술도 없고 장사 밑천이 없으므로 아버지가 할 수 있는 일은 공사판 막노동 일 뿐이었다.

어머니 역시 한 푼이라도 벌겠다며 공사장 인부들의 밥을 해주는 함바집 허드렛일을 하시며 세 아들 중 막내인 내 뒷바라지를 해온 것이다.

나는 부평동중을 거쳐 부평고에 진학했다. 잔뜩 기대를 걸고 입학하여 축구부에 들어가 보니 예상 밖의 문제가 나를 기다리고 있었다. 축구명문이라는 학교에서 축구부 선배들이 후배들을 거의 매일 기합이나 주고 선배들의 빨래며 잔심부름을 시키는 것으로 훈련을 대신하고 있었다. 한동안 참고 견디다가 결국 선배들에 대한 불만을 참지 못하고 큰 사고를 쳤다.

집단 탈출이었다. 1학년과 2학년 선수들이 집단 탈출 문제를 놓고 가위바위로 결정했다. 2학년 선수들과의 합의 하에 1학년 축구선수 5명이 한꺼번에 축구부 합숙소에서 도망쳐 나왔다. 집으로 가봤자 부모님에게 호된 꾸중을 듣고 다시 축구부 합숙소로 보내질 것이다. 그래서 우리들은 아예 가출까지 하기로 결심했다.

우리는 부평역 근처의 여관방을 전전하며 생활비를 벌기 위해 막노동, 신문팔이 등 돈벌이 일을 닥치는대로 했다. 가출생활 일주일이 지나자 불편한 여관방 생활에 적응하지 못하고 3명이 집으로 돌아가겠다고 했다.

마지막 한명이 나에 대한 의리로 마지못해 남아 있다가 결국 집으로 돌아가고 나 혼자만 남았다. 나 혼자라도 가출생활을 버티려면 어느 정도 수입이 보장되어야 한다는 판단에 나이를 속이고 나이트 클럽 웨이터로 취직했다.

일단 수입원이 확실해 지자 혼자 살아갈 자신이 생겼다. 나이트에서 심부름하는 것이 처음에는 힘겨웠지만 이내 적응이 되었다. 그렇다고 어린나이에, 기술도 없는 처지에서 달리 무엇을 할 수 있겠는가? 마음 먹기에 따라 영영 집으로 돌아가지 않을 수도 있을 것 같았다. 어느덧 8개월이 흘렀다. 일을 마치고 숙소인 여관방으로 돌아오자 손님이 기다리고 있었다. 아버지였다.
"남일아, 도대체 왜 이러고 있냐?
아버지, 엄마를 봐서 제발………"
아버지가 눈물을 흘리시며 말씀하셨다. 집에 돌아가 학교에 다니면서 다시 축구를 시작하자는 간곡한 당부에 나는 그만 고개를 떨구고 말았다.
처음 보는 아버지의 눈물이 나의 이유있는 반항을 잠재웠다. 그 길로 나는 아버지를 따라 백기를 높이 든채 집으로 돌아갔다. 축구부 합숙소로 돌아가 감독 선생님께 눈물이 찔끔 날 만큼 야단을 맞고서 나는 다시 축구화를 신었다.
강대형 감독 선생님과 조정구 코치(현 재현고 감독)에게 들어 알게 된 사실이지만 내가 없었던 한달 동안 아버지는 매일같이 학교에 오셔서 자식의 잘못을 대신 사과하고, 시합장소마다 쫓아 다니며 내가 출전하지도 않는 경기를 모두 참관했다고 한다.
혹시나 자식의 합숙소 무단 이탈사건이 빌미가 되어 축구부에서 퇴출될까봐 노심초사 하면서 감독님의 마음을 붙잡아 놓은 것이다. 사실 내가 축구선수로써 실력이 뒤졌다면 그때 축구부에서 쫓겨나 다시는 볼을 차지 못했을지도 모른다.
나는 지금 아버지께 깊이 감사하고 있다.

아버지의 눈물이 아니었다면 지금의 이 영광된 자리에 나는 서지 못했을 테니까. 얼마전 모 방송국 TV오락 프로그램에서 아버지를 초대해 놓고 내가 고등학교 시절 가출하여 잠시 웨이터 생활을 했던 이야기가 화제에 올랐던 모양이다.

그날 MC(서세원)가 아버지에게 아들과 같이 웨이터를 했었느냐는 조크(-?)를 했다고 한다.

그 말을 전해 듣고 나는 아버지에게 몹시 미안했다.

말 실수였겠지, 그래 그쯤으로 접어주자.

사람은 누구나 실수를 하니까. 그러나 언제든 그 MC를 만나면 '그래 나 웨이터 했다. 어쩔래?' 이 말을 해주고 싶다.

히딩크 감독님, 무의도 매운탕 드셔 보실래요?

작년(2001) 8월 유럽 전지훈련 직전에 히딩크 감독에게 전격 발탁되어 대표팀에 합류했다.

나는 전혀 예상치 못했던 결과라 태극마크를 달게 된 것 자체가 얼떨떨하여 하는 일마다 실수 연발, 김남일 스타일이 완전히 구겨졌다.

올림픽 지역예선 대표가 내겐 최고의 경력인데 황선홍, 홍명보 등 하늘처럼 높은 대선배들과 같은 버스를 타고 훈련장에 가는 것이 꿈인가 생시인가 정신없고 긴장되고 흥분한 상태라 유니폼을 버스에 놓고 내려 훈련장에서 선후배들의 놀림을 당하기도 했다. 한양대를 거쳐 전남 드레곤즈에 입단하여 선수생활을 하고 있지만 나에 대한 축구계의 평가가 엇갈려 히딩크 감독에게 발탁되리라고는 전혀 생각지 않았다.

신체조건은 좋지만 패스가 정교하지 못하고 이따금 엉뚱한 실책을 범한다는 지적을 받고 있어 태극마크를 달게 될 줄은 꿈에도 몰랐다.

나는 나를 인정해 주고 믿어주는 히딩크 감독을 실망시키지 않으려고 혼신을 다해 세계적인 명 공격수들을 악착같이 막아냈다. 폴란드의 카우주니, 미국의 레이나, 스페인의 발레론, 포르투갈의 피구, 이탈리아의 토티를 완벽하게 방어할 수 있었던 힘, 그 힘의 원천은 바로 히딩크 감독의 나 김남일에 대한 믿음이었다. 중국의 무림들은 자기를 알아주는 사람을 위해 목숨을 건다지 않던가?

스페인전에서 다친 왼쪽 발목이 낫지 않아 한동안 고생했다. 이탈리아와의 16강 때 접질린 발목을 스페인과의 8강전에서 또 다쳐 경기 중간에 물러나야 했던 아쉬움을 지울 수가 없다.

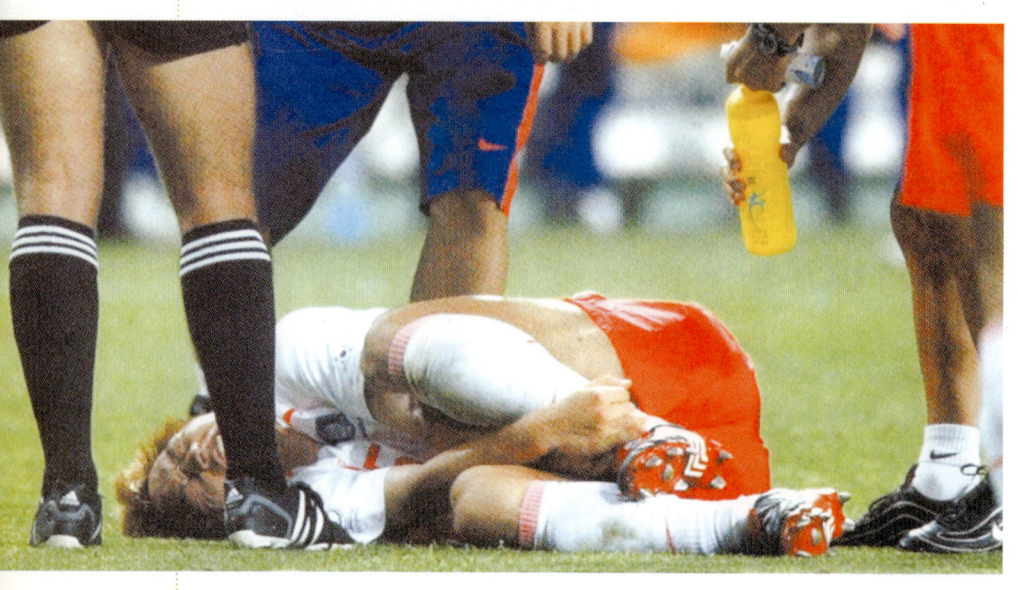

히딩크 감독이 어느 인터뷰에서 김남일을 스페인전에 출전시킨 것이 무리였다며 내 부상 악화가 마치 자기 잘못인냥 미안해 하더라는 말을 듣고 나는 감격해서 눈물이 날 지경이었다. 나는 오히려 스페인전에 풀타임 뛰지 못하고 중간에 교체되어 나온 것이 감독님께 미안하고 죄송하다.

히딩크 감독은 내 인생을 변화시켜 준 큰 은인이시다.

김남일은 대표선수가 될 만한 재목이 아니라며 실력이 검증되지 않은 선수라는 주위의 우려 속에서도 그분은 나를 발탁했다.

히딩크 감독이 한국에 다시 오시면 나는 내 고향 무의도에 모시고 가서 내가 낚은 생선으로 매운탕을 끓여 대접하고 싶다.

식성이 달라서 좋아하실지는 자신이 없지만 내 고향 무의도가 25년 동안 내 삶 속에서 자양분이 되어 나를 자라게 했던 것처럼 앞으로 살아갈 나의 삶은 히딩크라는 나침판이 있어 절대로 방향을 잃지 않을 것이다.

GUUS HIDDINK

스페인 전이 끝난 후에 감독님이 나를 무리시켜 가며 스페인전에 추전시킨 것을 후회한다는 인터뷰를 했다고 들었다. 그렇지만 나는 오히려 스페인전서 풀타임을 뛰지 못하고 교체돼 감독님께 미안한 마음이 앞선다. 마음 같아서는 감독님께 큰절이라도 올리고 싶다. 또 내고향인 인천 앞바다 무의도에 모시고 가서 내 낚시 실력도 보여드리고, 직접 낚은 생선으로 얼큰한 매운탕이라도 끓여 대접하고 싶다. 물론 히딩크 감독님 입에 잘맞지는 안겠지만...

영원한 나의 스승 이회택 감독

히딩크 감독이 나를 완성시켰다면 이회택 감독님은 나의 틀을 짜주신 분이다.

이 감독님은 나를 한양대학으로 스카우트 하시고, 대학을 졸업하자 어느 프로팀에서도 주목하지 않는 나를 당시 사령탑을 맡고 있던 전남 드레곤즈팀으로 불러 주셨다.

부평고 시절 축구를 그만 둘 결심으로 한차례 가출하여 유흥업소에서 웨이터 생활을 했던 전력이 있었음에도 대학에 진학해 또 다시 좌절, 방황했었다.

나는 내 모교인 부평고를 전국대회 3관왕으로 이끌었던 축구선수로써의 자부심과 부푼 꿈을 안고 대학에 진학했으나 정작 대학무대에서 내 존재는 미미했다.

나름대로 노력을 해도 생각만큼 기량이 늘지 않았다.
엎친데 덮친 격으로 대학생이 되어서야 뒤늦게 맞이한 사춘기가 문제였다.
마치 이 세상의 모든 절망을 내가 다 짊어지고 있는 듯 고민에 빠져 운동에 열성을 보이지 않고 갈팡질팡 어찌할 바를 모르는 나를 당시 한양대 체육부장으로 계셨던 이감독님께서 이따금씩 따로 나를 불러내어 중국요리도 사주시고 아낌없는 조언과 격려의 말씀을 해주셨다.
감독님의 말씀을 듣고 나면 뭔가 눈앞이 밝아지면서 희망이 생겼다.
제자는 스승을 닮는다고 한다. 정말 그런 것 같다.
내 경우만 보더라도 그렇다.
때때로 엉뚱한 이야기로 좌중을 웃기는 것 하며 잘 참다가도 한번 화를 내면 활화산처럼 폭발하는 성격까지 감독님을 빼닮았다.
월드컵 기간 중에도 나는 감독님에게 전화를 걸어 내 플레이에 대한 충고와 도움말을 들었다.
월드컵이 끝나고 소속팀으로 돌아와 복귀인사를 할때 감독님이 너무나 대견해 하고 흡족해 하셔서 나는 장한 일을 하고 아버지에게 칭찬 받는 아이처럼 뿌듯하고 기분이 좋아 우쭐했다.
이감독님의 은혜에 보답하는 길은 더욱 열심히 노력하여 경기장에서 훌륭한 기량을 보이는 것이다.
이감독님이 원하는 바를 나는 너무나 잘 알고 있다.

노랑머리가 매력 포인트라구요?

나는 외모에 별로 신경을 쓰지 않는다. 남자들도 멋쟁이들은 자신의 헤어스타일을 중요하게 생각한다고 한다.
그래서 단골 미장원도 정해 놓고 전문 미용사에게 헤어모드를 집중 관리받고 있다는 것이다.
축구선수들 중에도 자신의 머리모양에 신경을 쓰고 유명 미장원에 가서 조언을 구하는 사람도 더러 있다.
이젠 운동선수도 운동만 잘해 가지고는 팬 몰이가 어려운 것 같다. 팬 서비스 차원에서도 운동경기 이외의 볼거리를 제공하는 것이 더 많은 관객을 경기장으로 유도하는 한가지 방법이 되겠다 하는 생각이 든다. 염색을 하면서도 보기 싫으면 어떻게 하나 내심 걱정을 했는데 염색이 그런대로 괜찮아 보였다. 어느 날인가. 그날 따라 기분이 몹시 울적해서 광양시내에 나갔다가 미장원에 들려 머리를 컷트하고 염색을 했다.

사전에 아무런 계획없이 충동적으로 결정한 일이었다.

늦가을 밤나무에서 떨어진 밤송이 같기도 하고 보리이삭을 꺾어다 엎어놓은 것 같기도 했으나 노랑머리가 내 이미지와 맞아서 안심이 되었다.

남자 머리를 노랗게 염색을 했으니 좀 튀는 느낌은 들었지만 그런대로 괜찮아서 염색한 것을 후회하지 않았는데 여성 팬들로부터 노랑머리가 매력 포인트라는 말을 들으니 웃음이 나온다.

고등학교 시절 머리가 길어 기합을 받았던 기억이 떠올랐다. 고1 때의 일이다. 축구부 신입생인 내 머리가 길다며 군기가 빠졌다고 기합을 주었다.

운동장을 아마 몇시간은 돌았을 것이다.

땀을 뻘뻘 흘리면서 운동장을 돌다보니 부아가 치밀어 올랐다. 축구선수에게 볼 차기는 시키지 않고 운동장을 수십 바퀴씩 돌게 한 선배의 처사가 용납하기 어려워 반발심이 꿈틀거렸다.

나는 그날 하교길에 이발소에 가서 머리를 확 밀어버렸다. 다음날 완전 삭발한 모습으로 나타난 나를 보더니 불같이 화를 냈다.

이번엔 선배에게 반항했다는 이유로 호된 기합을 받았다.

나 자신도 제어가 불가능한 반항아 기질, 그러나 경기장에선 그 반항아 기질이 상대방 선수를 제압하는 무기가 되어 주기도 한다. 할머니께서 내 염색한 머리를 보고 남자가 무슨 노랑머리냐고 못마땅해 하시기에 눈 어두운 할머니가 TV에서 시합하는 손자를 빨리 알아보라고 노랑물을 들였다고 했더니 어이없어 하시며 웃으셨다.

김남일 자전적 스토리

KIM NAM IL

나는야 '꼬마 카수'

노래만은 자신이 있다. 어린시절의 나는 동네 꼬마 카수였다. 동네어른들이 모인 자리에선 으레 동요를 불러 앵콜에 커튼콜까지 받았다.
노래를 부르면 어른들이 노래값이라고 동전을 주시곤 했는데 그 돈으로 아이스케키를 사먹는 재미가 쏠쏠했었다.
초등학교에서 축구부에 들기 전까지 합창부로 활동했다.
음악선생님이 내 노래실력을 인정하여 합창부에 들게 한 것이다.
만약 축구선수가 되지 않았다면 성악을 전공하지 않았을까?
중학교 때 아버지를 따라 노래방에 갔다가 노래방 맛을 알았다.

트롯트 가요를 멋들어지게 한곡 쫙 뽑아 아버지를 놀래켰다.
"볼은 안차고 학교에서 유행가만 불러댔냐?"
하시며 핀잔을 주셨다.
요즘 신세대들 사이에서 인기를 끌고 있는 'Sea of Love' 'Summer Vacation' '안되나요'가 요즘 내 18번 애창곡이다.
월드컵 경기 중에 다친 왼쪽 발목을 치료하기 위해 서울에 있는 동안 이따금 노래방에 가는 것이 유일한 낙이었다.
모자를 푹 눌러쓰고서 노래방에 가면 다행히 나를 알아보는 사람이 없어 좋았다. 혼자 마이크를 잡고 노래를 부르다 신명이 나면 마치 무대에 선 가수인냥 흥이나서 멋들어지게 한곡조 한곡조 뽑아올린다.
그러노라면 어느결엔가 가슴에 칙칙하게 쌓였던 앙금도 사라지고 일상의 스트레스도 해소되었다.
그래서 나는 노래방에 가는 것을 좋아한다.

PART 1

월드컵이 맺어 준 귀한 인연들

이번 월드컵은 내 인생에 잊지 못할 추억으로 영원히 남을 것이다. 기적과도 같은 월드컵 4강 신화를 이루어 냈고, 그런 환희, 그런 열광, 일체감을 언제 또 맛볼 수 있을까? 너무나 달콤하여 미련이 가시질 않는다. 나는 이번 월드컵을 통해 많은 사람을 만났다.

월드컵이 맺어 준 귀한 인연의 사람중 후배 송종국과 박지성은 정말 특별하다. 나는 무엇보다 그 두 후배와의 만남을 축복이라고 생각한다. 송종국과 박지성은 합숙소 생활을 하면서 정이 듬뿍 들었다. 인터뷰 때 기자가 송종국의 첫인상을 내게 물은 적이 있는데, '첫인상이 좀 느끼했어요.' 별다른 생각없이 장난기가 발동하여 대답했는데 이 대답이 송종국의 팬들 사이에서 '어쩌면 그럴 수 있느냐.' 하고 원성이 높았단다. 일이 이쯤되니 미안하다는 생각이 들어 전화로 종국에게 사과했다.

헌데 종국 왈, "형 뭘 그렇게 소심해? 스타되더니 어째 새가슴이 됐네." 하는 것이었다. 이 시원시원한 성격, 언제나 다정다감하고 남을 먼저 배려하는 종국을 어찌 아니 사랑할 소냐. 박지성은 시골소년 같은 순수하고 순박한 모습이 보기 좋았다. 이제 고백하건데 월드컵이 끝난 뒤 박지성도 나도 집에 돌아갈 수 없는 사정이 생겨 둘이서 함께 지냈다. 불과 며칠이지만 성격이 잘맞는 우리는 의기 투합하여 바람도 쏘이고 서울의 여기저기를 구경 다녔다.

서울 지리에 어두운 박지성을 데리고 다니며 가이드 노릇을 충실히 했다. 우리집 앞에도 박지성의 집 앞에도 극성스런 열성 팬들이 진을 치고 있었기 때문이었다.

합숙생활을 하면서 한밤중에 일어나 식당으로 몰래 내려가 라면을 끓여 나누어 먹던 일이며 내 방에 모여 앉아 실없는 잡담을 늘어놓으며 낄낄거리던 일들이 벌써 추억의 장속으로 넘어가 차고차곡 접혀졌다. 종국이와 지성이 같은 훌륭한 후배를 만나 좋은 인연을 맺게 되어 나는 한없이 기쁘다. 너무나 소중한 만남, 귀한 인연이 오래오래 지속되었으면 하는 바람이다.

쓰러지더라도 난 이 그라운드에서 쓰러진다.
설사 내안에 영혼이 꺼져간다해도
난 이 그라운드에서 쓰러진다.

No.5

난 서태지가 아니라 싸우는 사람이다.
그러므로 내 축구화에 침을 뱉어라.

M · N · A · M · I · L

PART 1

어머니, 어머니, 우리 어머니

태어나서 요즘처럼 부모님을 기쁘게 해드린 적이 없는 것 같다. 정말 축구하기를 잘했구나, 요즘은 스스로 나 자신을 대견해 한다.

월드컵이 끝나고 K리그 개막 때 까지 휴식 기간이지만 명목상일 뿐 실은 더 바쁘다. 각종 행사에 초청인사로 예약되어 있고, 팬 사인회다 뭐다 몸이 열개라도 부족할 지경이다.

마음 같아서는 부모님을 모시고 쇼핑도 하고 밀린 이야기도 나누고 싶은데 그럴만한 짬이 나지 않았다.

조선호텔에서 열린 월드컵 4강 축하연에서 나는 비로소 부모님의 얼굴을 뵈었다. 거의 40일만의 해후였다.

이런 저런 공적인 행사 스케쥴도 꽉 짜여 있었지만 집에 가지 못한 이유는 딴데 있었다.

극성 팬들이 인천 우리집 앞으로 몰려와 장사진을 치고 있기 때문이었다.

어찌됐든 나를 좋아하는 팬들이 몰려 와 있으니 박절하게 물리칠 수 없는 노릇이 아닌가.

관중이 별로 없는 썰렁한 축구장에서 경기를 하면서 서태지를 비롯해 인기 가수들이 팬들의 열광적인 사랑을 받는 것을 얼마나 부러워했는데 내가 좋아 찾아온 팬들을 벌써 귀찮아 하다니. 팬들에게 죄송할 따름이다.

집에 돌아가도 쉴 수가 없을 것 같아 아버지는 나보고 당분간 집에 오지 말라고 하셨다.

집에 와도 쉬지 못할 것을 염려하여 내리신 조치인지라 나는 호텔과 친구 집을 옮겨 다니며 지냈다.

황선홍 형도 아직 집에 들어가지 못하고 있었다고 하여 우리는 기쁘고 슬프게 웃었다.

어쨌든 화려하게 꾸며진 연회장에서 귀빈으로 초청된 부모님을 뵙자 감격의 눈물이 쏟아질 것만 같았다. 내가 축구를 시작하고 15년을 내 뒷바라지로 고생하신 부모님.이제 고생은 끝났습니다. 이제 정말 효도다운 효도를 하겠습니다.

나는 마음 속으로 다짐했다. 부모님은 쟁쟁한 각계 각층의 인사들로부터 축하를 받으며 귀빈대접을 받는 것이 너무 행복하신지 얼굴이 발갛게 상기 되셨다.

나도 어깨가 절로 으쓱해졌다.

운명적인 사랑을 하고파...

내 이상형은 텔레비전 탤런트 김하늘이다. TV 연속극 '로망스'에서 나오는 제자를 사랑하는 여선생님 김하늘.
극중 인물성격 그대로 그 모습의 김하늘이 내가 만나기 원하는 운명적인 만남의 여주인공이다.
나는 그 흔한 미팅 한번 해 본적이 없다.
고교시절에도 축구부 친구들이 여고생들과 빵집에서 무슨 모임을 만든다며 같이 나가자고 꼬여도 나는 가지 않았다.
우선 나는 그때까지 여자에게 별 흥미가 없었다.
여자 친구를 사귀느라 돈과 시간 아까운 정열을 낭비하기 보다는 볼을 한번이라도 더 차는 일이 더 중요했다.
얼마전의 일이다. 대표팀 버스에 오르려다 버스에 빡빡하게 낙서된 것들 중 눈길을 끄는 문구가 있었다.

'남일아 나랑 결혼해 애 낳자', 나는 순간 얼굴이 후끈 달아올랐다. 극성 팬들의 적극적이 대시가 이렇듯 직설적이다.
공연히 혼자 부끄럼을 타며 나는 눈길을 돌렸다.
내 나이 스물다섯. 어머니는 요즘 내 결혼 문제를 넌즈시 언급하신다. 운동선수들은 일찍 결혼하여 아내의 내조도 받고 정신적으로 안정되는 것이 선수생활에 문제가 생기지 않는다고들 말한다. 어머니의 생각도 그런 것이리라.
그러나 내 생각은 다르다.
월드컵에서 좋은 플레이를 펼치긴 했지만 아직은 부족하고, 가능하다면 유럽으로 진출하여 뛰고 싶다.
한국 축구의 발전에도 기여해야 하고……
생각하면 할일이 너무나 많다.
그래도 '로망스'의 여선생같은 여자를 만나 운명적인 사랑은 하고 싶다.

PART 1

나도 이젠 인기인...

내가 이 정도로 인기가 있다니. 눈으로 직접 보고서야 내 인기가 어느 정도인지 실감하게 된 것은 팬 사인회를 통해서 였다. 팬 사인회가 열리는 날, 나를 만나겠다고 전국 각지에서 몰려 든 여성팬들이 무려 12시간을 기다렸다는 것이다.
주최측의 사정상 1시간 정도로 사인회가 끝나 사인을 받지 못한 사람들이 많았다.
팬들의 성원을 생각하니 잠시 쉴틈도 없이 사인을 해도 팔이 아픈 줄 몰랐다. 갖가지 색깔의 피켓을 만들어 들고서 환호하는 수많은 팬들의 모습을 보면서 인기가 무엇인지 실감, 또 실감했다.
〈남일아, 나이트 가자〉라는 피켓을 보고 터져 나오려는 웃음을 참느라 혼났다.

최근 내 소속팀인 전남 구단에서도 난처한 일을 당했다고 한다.

진주의 한 입시학원 학생들이 김남일의 실제를 보여 달라, 우리의 요구가 관철될 때까지 수업을 거부한다고 난리를 피워 입시학원에서 전화를 걸어왔다는 것.

구단측은 7월 7일 홈 개막전에 맞춰 입장권을 특별 할인해 주었다고 했다. 하여간 인기가 있으니 귀찮은 일도 적지 않지만 좋은 일도 많다.

선수단 숙소로 돌아와 나는 또 한번 깜짝 놀랐다.

사인회에 왔던 팬들이 선물한 물건들이 산처럼 쌓여 있었기 때문이다. 정성껏 만든 샌드위치와 과자, 남성용 화장품 세트, 손수건, 넥타이…… 참으로 선물의 종류가 다양했다.

남성용 요일 별 팬티가 없나, 비키니 수용복 차림의 여자 사진도 들어있었다.

팀 동료들과 함께 선물을 개봉하다 별난 선물이 나오면 요절복통, 숙소가 떠나가라 웃어댔다.

팬들에게 이런 사랑 한번 받아봤으면 했던 소망도 이루어지고……

나 김남일은 정말 럭키보이다.

PART 1

차안에서 밤을 지샜다는 아버지

XG 승용차는 형님께 드리고 체어맨 승용차는 아버지께 선물로 드리기로 마음을 정했다. 10년이나 굴리고 다녀서 낡은 프린스를 타고 다니시는 아버지에겐 더할 수 없는 선물이 될 것이다.

자동차 출고장에서 체어맨을 인수해 집으로 가져 간 다음날 안부 인사겸 전화를 했다가 나는 한바탕 웃었다.

간밤에 아버지는 체어맨 승용차 안에서 주무셨다고 했다.

왜냐하면 지금 살고 있는 집은 주차장이 없다.

고급승용차 그것도 새 차인 체어맨을 노상에 주차 시켜 놓았다가 혹시 인근 불량배들이 못으로 긁고 파손시킬까 염려스러워 도저히 집에서 잠을 주무실 수 없었다는 것이다.

부자가 전화를 붓잡고 한참을 웃었다.

아버지에게 차에 너무 집착하지 말고 편히 집에서 주무시라고 말씀 드렸지만 아마 며칠은 더 차안에서 잠을 주무실 것 같다.
멀지 않아 주차장이 있는 새집으로 이사 간다.
그때 까지는 누가 뭐라고 해도 아버지는 내 말을 듣지 않으실 테니까.
그동안 아들 때문에 눈물 흘리시고 마음 많이 상하셨던 아버지께 이젠 승용차도 선물하고 고통스럽던 지난 날들의 이야기도 추억담으로 즐겁게 말할 수 있게 되어 나는 기쁘다.

PART 1

할머니의 김치찌개...

요즘들어 우리 집으로 나를 위해 갖가지 약과 보양식을 거저 보내겠다는 친절한 분들의 전화가 쇄도한단다.
모 텔레비전 방송국에서는 방송 프로그램 제작진이 직접 월드컵 때 다친 발목을 빨리 낫게하는데 특효인 식품을 전달하는 장면을 찍겠다며 만나자는 연락이 오기도 하고......
원래 나는 보약을 먹지 않았는데 월드컵이 끝나고서는 누적된 피로에 긴장이 풀려 컨디션이 최악이다.
이럴 땐 할머니께서 끓여주시는 김치찌개 생각이 간절하다.
돼지고기 비계에 두부, 신김장김치를 숭덩숭덩 썰어 양은남비 가득 끓여주시는 김치찌개는 아무리 먹어도 질리지 않는다.
어머니가 함바집 일을 하고 부터 집에 계시는 날이 없어 나는 늘 할머니 하고만 지냈다. 할머니는 어떤 경우에도 항상 내 편을 들어 주신다. 절대로 변하지 않는 내 편은 할머니 밖에 없다. 할머니는 요즘 내 평생 이렇게 좋은 걸보게 됐다며 살 맛이 난다고 바람을 붕붕 일으키며 다니신다고 한다.

PART 2
KIM NAM IL STORY BOX

김남일 신드롬

우리를 열광케 하는 터프가이

축구가 좋은 이유를 묻는 질문에
그냥 직업이라... 아니 많이 뛰고 움직이는
격렬한 운동이라서... 라는 대답을 하는
그런 꾸밈없는 생각을 우리는 사랑한다.

PART 2

▶ 김 남 일 신드롬의 비결은 무엇인가?
▶ 네가 진짜 라이언킹이다.
▶ 광장의 문화속에서 만들어진 스타
▶ 미운오리에서 고귀한 백조로...
▶ 이회택 감독이 본 김남일
▶ 한문배 감독이 본 김남일
▶ 그라운드와 인터넷 황태자
▶ 네덜란드에서 부는 남일 신드롬

김남일 신드롬의 비결은 무엇인가?

2002 국민과 국가가 하나가 된 진정한 축구혁명의 현장 드라마 2002 한일 월드컵, 그해 6월은 16강의 환희, 8강의 꿈, 4강의 신화를 창조했다. 경기장에서, 시청앞 광장에서, 공원에서, 그리고 거리에서 모두가 하나되어 물결치던 그 순간들을 우리는 잊지 못할 것이다.

태극전사 23인, 그 한자리를 차지했던 미드필더 김남일은 월드컵이 낳은 최고의 스타덤에 올랐다.

과거 박정희 정권때는 노동운동가 전태일과 이한열, 김민기가 돋보였다. 민주화 과정에서 수많은 학생들이 감옥에 가거나 분신자살로 잃어버린 자유를 찾기 위해 피를 흘렸다.

80년대에 들어서서는 마라토너 황영조가, 90년대에는 메이저리거 박찬호, 그리고 세계적인 지휘자 정명훈, 2000년대에는 박세리가 최고로 인정받았다.

반항아적인 외모와 자기 감정을 숨길 줄 모르는 김남일….

축구가 좋은 이유를 묻는 질문에 그냥 직업이라서…아니 많이 뛰고 움직이는 격렬한 운동이라서…라는 대답을 하는 그런 꾸밈없는 생각을 우리는 사랑하게 된 것이다.

월드컵 4강 진출이 확정된 뒤 가장 하고 싶은게 뭐냐고 묻자 '나이트에 가고 싶다'라고 말할 정도로 그의 언행은 지나치게 솔직하다. 또한 월드컵 개막을 앞두고 기자들이 어떻게 준비하고 있냐고 묻자 김남일은 '지능적인 파울 연마에 많은 신경을 쓰고 있다'고 말했다.

또한 축구선수로서 그가 맡았던 '악역'도 인기의 한 요인이 되었다. 그의 포지션은 궂은 역할만 해야 하는 수비형 미더필더. 골잡이들을 위해 방어선을 지키는 임무가 바로 그에게 주어진 지상과제. 따라서 명성을 얻는 것과는 거리가 멀다.

젊은이들이 김남일같은 캐릭터를 좋아하는 것은 우리 사회에서나 현실에서 그런 스타일의 인물이 별로 없다는 것과 맥락을 같이 한다.

또한 지금껏 떠오른 스타들은 자기 범주를 벗어나지 못하고 있었다. 헌테 김남일은 기존의 차원을 넘어 남성과 여성, 세대를 가리지 않을 정도로 폭넓은 지지층을 구축했다는 점이 다르다.

프랑스와의 평가전에서 세계적인 스타 '지단'을 꽁꽁 묶어 기량한번 제대로 발휘하지 못하고 부상만 당해 벤치로 물러나게 되었는데 '지단의 연봉이 얼마나 되는 줄 아느냐'는 기자들의 질문에 '지단이 못뛰게 되면 내 연봉에서 까라'고 거침없이 말할 정도로 솔직 담백한 성격과 행동들의 터프함이 우리에게 카다르시스와 대리만족을 느끼게끔 해 주었다. 180㎝, 75㎏의 다부진 몸매에 상대 공격수들에게는 부담스러울 수밖에 없는 강한 눈빛과 인상 그리고 세계적인 선수들과의 치열한 대결에서도 조금도 밀리지 않는 그의 당당한 플레이는 이제 대표팀의 트레이드 마크가 되었다.

상대팀 공격수를 모두 쓸어버리는 뜻으로 히딩크 감독이 붙여줬다는 '진공청소기'라는 별명답게 그는 상대 플레이메이커를 끈질기게 따라 다닐 수 있는 체력과 몸싸움 그리고 수비수로서는 드물게 정교한 패스 능력과 볼키핑 능력을 이번 월드컵을 통해 보여 줬다.

국내 최대인터넷 커뮤니티인 '다음'에서 김남일과 관련된 카페가 6백개가 넘으며 이는 가수 서태지의 212개보다 3배나 많은 숫자다.

김남일 신드롬

김남일 신드롬의 비결
1. 골을 넣는 골잡이가 아니라 수비전문 미드필더라는 것
2. 젊은 세대와 친숙한 순정만화주인공 까치와 닮은 점
3. 반항아적 이미지가 강한 그라운드의 제임스 딘
4. 어딘지 모를 방심한 듯한 터프함과 귀여운 악동

또한 월드컵 이전에 2천여명에 불과하던 한 팬클럽의 회원 수가 현재 20만명을 넘어서는 등 현재 전체 팬클럽 회원수가 70만 명에 이르는 것으로 집계되고 있다. 이쯤 되면 가히 신드롬 수준이다. 김남일은 특히 최대의 대중문화 소비계층인 10대들의 절대적인 지지를 받고 있다.

그들은 김남일의 귀여우면서도 터프한 이미지와 솔직한 성격에 열광하고 있다. 그때가 언제 일런지는 예측할 수 없지만 김남일의 타오르는 불꽃은 쉽게 사그러지지 않을 것 같다.

SOCCER
PLAYER
20_HONG MYUNG Bo

LIBERO

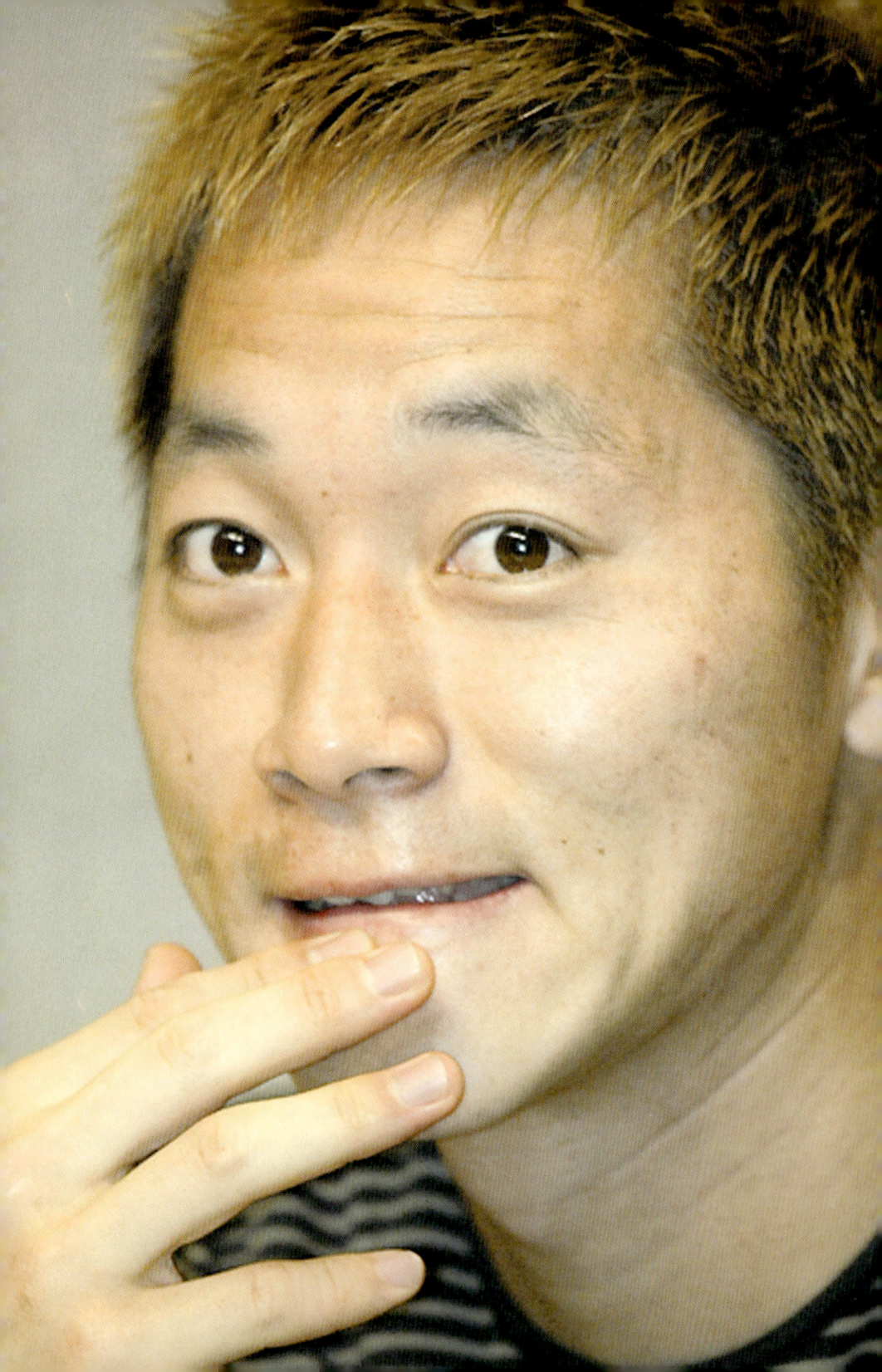

네가 진짜 라이언 킹 이다

'이제부턴 네가 진짜 라이런 킹이다!'
히딩크 사단의 황태자 김남일이 한국 대표팀의 새로운 '라이언 킹'으로 거듭났다. 182cm의 키에 75kg의 건장한 체격, 유럽 선수들에게도 밀리지 않는 강한 힘과 패기로 당당히 '히딩크호'의 주전 자리를 꿰찬 김남일.
하지만 수줍은 성격 탓에 때때로 보이는 소심함이 문제라고 생각한 히딩크 감독이 본선을 앞두고 직접 자신감을 심어주기에 나섰다.
김남일은 6월 25일 파주 트레이닝센터에서 열린 대표팀의 오후 훈련이 끝난 후 방송 인터뷰 요청을 받았다.
하지만 평소 인터뷰를 꺼리던 김남일이 역시 거절 의사를 밝히자 지켜 보던 히딩크 감독이 직접 김남일의 손을 이끌었다.
"네가 진짜 라이언 킹이다!
당당하게 인터뷰에 응하라' 라고 말하며 등을 떼민 것이다.

주저하던 김남일은 히딩크 감독의 이 한마디에 바로 인터뷰에 나섰다.

비록 약간은 긴장한 모습이었지만 김남일은 자신의 생각을 또박또박 밝히며 자신 있게 인터뷰에 응했다.

본선에서 김남일이 상대해야 할 선수는 포르투갈 루이스 피구 등 주로 상대 팀에서 기량이 뛰어난 플레이메이커들.

따라서 그 임무도 막중할 수 밖에 없었다.

히딩크 감독으로부터 '라이언 킹'으로 불린 것에 고무된 김남일은 '무턱대고 힘으로 밀어붙이는 밀착마크 보다는 상대 실수를 유발하는 지능적 플레이로 맞서겠다' 며 '보이지 않는 반칙성 플레이도 필요하다면 할 것이다.

또한 심한 반칙으로 퇴장 당하지 않도록 준비하고 있다.' 고 밝혀 한 단계 성숙한 모습을 보였다.

잉글랜드와의 평가전 (1:1 무승부) 후 외국 기자들로부터 '유럽에서 통할 선수' 라는 평가를 받은 김남일은 '이제 누구랑 붙어도 자신 있다. 폴란드와 미국을 반드시 꺾어 반드시 16강에 진출하겠다.' 라며 새로운 '라이언 킹'으로서 의연한 모습을 보였다.

〈Daily Sports, 5. 26〉

광장의 문화 속에서 만들어진 스타

이번 월드컵은 남녀 노소를 막론하고 우리 스스로를 되돌아 보게 하는 계기가 됐다. 특히 기성세대와 신세대가 한데 어울려 어깨동무를 한채 '대~한민국'을 연호할 수 있게 됐다. 이번 월드컵을 통해 기성 세대는 위태롭고 불안하기만 하던 신세대를 이해하기 시작했고, 신세대도 기성세대에 대한 막연한 거부감을 떨쳐 버리게 됐다.

길거리 응원전의 주축이었던 소위 '붉은악마(Red Devils)세대'라고 하는 'R세대'가 바로 이런 세대간 계층간의 화합과 이해를 이끌어 가고 있다.

R세대의 가장 큰 특징은 기존의 젊은 세대들과 달리 그 형성 자체가 국가와 사회라는 공동체적 동질감에서 출발했다는 점이다.

김남일 신드롬

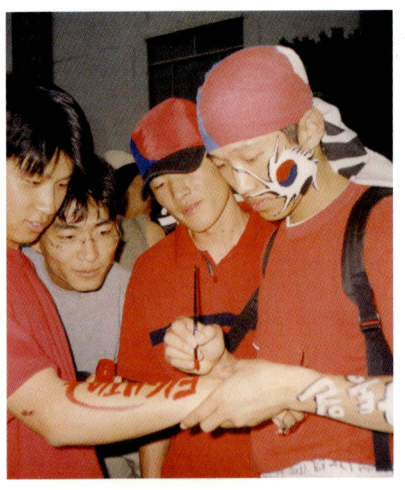

그간 우리 청소년이나 젊은 세대를 특정 짓고 분류하는 잣대는 주로 대중 스타에 대한 우상화나 시대적 유행이나 조류가 대부분이었다.

70년대의 낭만을 상징하는 '통기타 세대', 80년대 '디스코 세대', god나 H.O.T. 같은 댄스 그룹에 열광하는 '힙합세대', 그리고 인터넷 세대를 칭하는 'N세대' 등이 바로 그것이다.

청소년과 젊은이들의 우상이 된 이런 연예계 스타들이 추구하는 궁극적인 목적은 인기를 통한 부와 명성이다. 연예 기획사들은 치밀하게 기획된 스타 마케팅을 통해 감수성이 예민한 사춘기 청소년들을 쉽게 유혹할 수 있었다.

따라서 기성세대는 이처럼 상업적으로 만들어진 이런 대중 스타에 몰입하는 청소년들을 탐탁지 않게 생각해 왔던게 사실이다. 하지만 이번 월드컵을 계기로 형성된 R세대는 다르다. 이들 R세대는 전혀 계산되지 않은, 순수하고 자연발생적으로 만들어진 스타에 열광한다는 점에서 기존의 세대들과 대비된다. 이들은 상업성으로 화려하게 포장된 대중 스타보다 국가를 대표해 그라운드에서 혼신의 힘을 다해 몸이 부서져라 싸운 태극 전사들의 값진 땀방울을 높이 산다.

꽃미남으로 분장한 스타보다 하나의 큰 목표를 향해 묵묵히 매진해 가는 젊은이에 박수와 찬사를 보낸다.

또한 기존의 어둡고 폐쇄적인 공간에서 그들만의 환호에 그치는 것이 아니라, 넓고 개방된 공간에서 마음껏 외치고 열광한다. R세대는 열린 공간인 광장에서 떳떳하게 그들의 스타에게 환호하고 감동한다.

땀과 노력의 결실속에 진정한 아름다움이 있다는 사실을 R세대는 알고 있다.

얼마 전까지만 해도 인기 그룹 god의 팬이었다는 여고 1년생 정다미(16)양. 월드컵이 시작된 이후 정양의 관심은 180도 변했다.

그간 정양의 방안을 장식했던 god의 사진은 대부분 사라지고 그 자리에 월드컵 대표 선수들의 대형 브로마이드가 걸려져 있다.

정양은 매일 한 축구 대표 선수를 소개하는 인터넷 카페에 들어가 글을 올려 놓거나 좋은 그림을 다운 받는 게 주요 일과 중의 하나가 되었다.

"god는 노래하는 가수에 불과하잖아요.

하지만 대표 선수들은 나라를 대표해서 뛴 국민적 영웅이잖아요.

"어디 비교가 되나요." 라는 정양의 말은 변화한 R세대의 의식을 여실히 보여 준다.

"예전에는 god 밖에 몰랐어요. 그 오빠들이 전부였지만 지금은 달라요. TV에 대표선수들의 이름만 나와도 가슴이 설렙니다. 사력을 다하는 선수들의 모습, 그리고 온 국민이 하나가 돼 응원하는 모습을 보면서 예전에 가수 공연장에서 경험했던 것과는 다른 느낌을 받았습니다.

가슴이 뭉클해 몇일 동안 아무 일도 못했습니다. 예전에 반대하던 부모님도 함께 응원하며 저와 똑같이 선수들의 팬이 됐습니다.

그래서 저도 당당해졌습니다.

저 뿐만 아니라 반 친구들도 모두 마찬가지예요."

요즘 축구 대표팀이 있는 곳은 순식간에 장터가 돼 버린다. 선수 사인을 받거나 얼굴이라도 보려는 팬들의 성화가 기승을 부린다. 여기에는 10대 청소년들과 20~30대 직장인은 물론 40~50대 중장년 부인들까지 섞여 있다.

기성세대들까지 인정하고 지지해 주는 덕에 요즘 R세대들은 더욱 열정적이고 집요하게, 하지만 공개적으로 자신들의 스타를 쫓아 다닌다.

한신대 김종업 교수(사회학과)는 '월드컵을 치르면서 청소년들이 선호하는 대중 스타에 대한 인식이 과거 젊은 연예인 일변도에서 스포츠 선수와 감독에 이르기까지 외연을 넓히는 계기가 됐다.' 며 'R세대 청소년들은 외형적으로는 모던하고

반항적이지만 내적으로는 부드럽고 따뜻한 성격을 가진 능력 있는 남성을 선호한다.'
김남일은 이런 특징을 모두 갖춘 선수라고 말했다.

PART 2

미운오리에서 고귀한 백조로...

월드컵을 통해 스타로 떠오른 '터프가이' 김남일에 대한 네티즌들의 평가는 거의 '숭배' 분위기다.
"얼마 전 어떤 여자팬이 대표팀 선수들이 묵고 있는 호텔 앞에서 기다리는데 창문 너머로 남일 오빠와 눈이 마주쳤나봐요. 그 여자팬이 아무 말도 안하고 빤히 바라봤는데 남일 오빠도 빤히 보다가 한마디 꺼냈다는군요.
'오빠 사랑해요. 오빠 결혼해요.' 이런 말을 해야지 그렇게 가만히 서 있을 거야?"
그러나 이 같은 반응이 너무 '냄비' 같다는 비판도 있다.
김남일은 불과 5개월 전만 해도 일반인들에게 그 존재조차 희미했다. 심지어 일부 축구팬에겐 '대표 자격도 없는 형편없는 선수' 였다.

최근 한 네티즌이 연초 김남일에 대한 축구팬들의 글을 모아 게시판에 띄운 '김남일-극과 극'비교에 사람들은 거의 경악에 가까운 반응을 보이고 있다. 미국서 열린 골드컵대회가 한창이던 지난 1월 축구팬들은 김남일에 대해 신랄한 수준을 넘어 인신모독에 가까운 비판을 퍼부은 적도 있었다.
그는 미운 오리새끼였다.

◇염색이나 하지 말지, 실력도 꽝이면서…왜 뛰냐?
 정말 쓰레기다. (1월 20일)

◇김남일은 항상 위험한 반칙으로 상대를 끊는데 이거 정말
 위험천만합니다. 매 경기 2~3차례 이상 이런 장면을 보게
 되는군요. (1월 24일)

◇수비하다 반칙하면 김남일, 공격하다 패스 끊기면 김남일,
 뭐! 하나 괜찮은 구석이 안 보이는데 줄기차게
 기용하는군요. (1월 24일)

◇월드컵 때는 나오지 않길 바란다. 제발…부탁이다. (1월 24일)

그러나 유럽전훈을 마치고 그에 대한 평가는 긍정적으로 바뀌기 시작했다.

◇일반 팬들 한테는 별로 인기가 없지만 전문가들한테는 최고 군요. 오늘 수비형미들로 상대 미들의 반정도는 혼자서 제압하는 엄청난 위력을 발휘했는데. 베스트 11에 무난히 들듯. (4월 28일)

잉글랜드, 프랑스와의 평가전 후엔 확실한 찬사로 돌아섰다.

◇잘하네요. 대인방어도 좋고, 위치선정, 공수연결… 아! 죽인다. (5월 26일)

그리고 월드컵 이후 이제 김남일을 비판했다간 '왕따'되기 십상이다. 거의 무조건적인 지지다.

◇난 김남일이 좋다. 경기하는 모습을 보면 실력을 뛰어넘는 무언가가 있다. 세계최고의 선수들 앞에서 당당하게 플레이하는 모습. 그를 보면 전쟁터에 목숨 걸고 나가는 군인을 보는 것 같다. 김남일 멋지다. 왜 일케 멋있냐? (7월 3일)

〈Sports Seoul. 6.17〉

냄비여론? 냄비언론?

'격세지감'이란 말이 딱이다. 올초만 해도 김남일이 이토록 욕먹는 선수였다니… 비단 김남일뿐 아니라 최진철·이을용·이운재 등도 팀을 말아먹는 선수'에서 영웅으로 역전됐다.
히딩크의 연인 엘리자베스도 마찬가지였다.
선수단의 분위기를 흐린다며 비난을 받았지만 '넘 지적이고 한 미모하더군요', '우리 히딩크 감독님을 편하게 해주는 분이라네요. 잘 어울려여~'등 호감을 나타내는 반응 일색이다.
네티즌들은 '이러니깐 냄비소릴 듣는거암'.
'남일이가 변한 게 아니라 우리들이 변한 것'이라고 자책했다.
그러나 가장 큰 원인은 여론을 부추긴 냄비언론 탓이라는 지적도 빼놓을 수 없다. 직장인 김병준씨(29)는 '우린 냄비가 아니다. 언론에서 제공하는 정보를 믿은 것 뿐이다. 냄비를 달궜다 식혔다 하는 선봉이 누구냐'고 꼬집었다. 정작 김남일은 어떻게 생각할까. 한 네티즌이 띄운 '김남일의 글'이다.
"근데 제가 왜 이렇게 인기가 많은지…. 저 좋아하지 마세요. 별거 없는 인간이니까요.…. 팬여러분 사랑합니다. 모든 분 다요. 저를 사랑 안해도 돼요. 전 사랑할 거니까요."

〈Sports Seoul, 6.17〉

N1

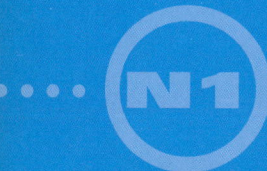

나와의 싸움은 아직도...
아직도 끝나지 않았기에 쓰러질 수 없다.

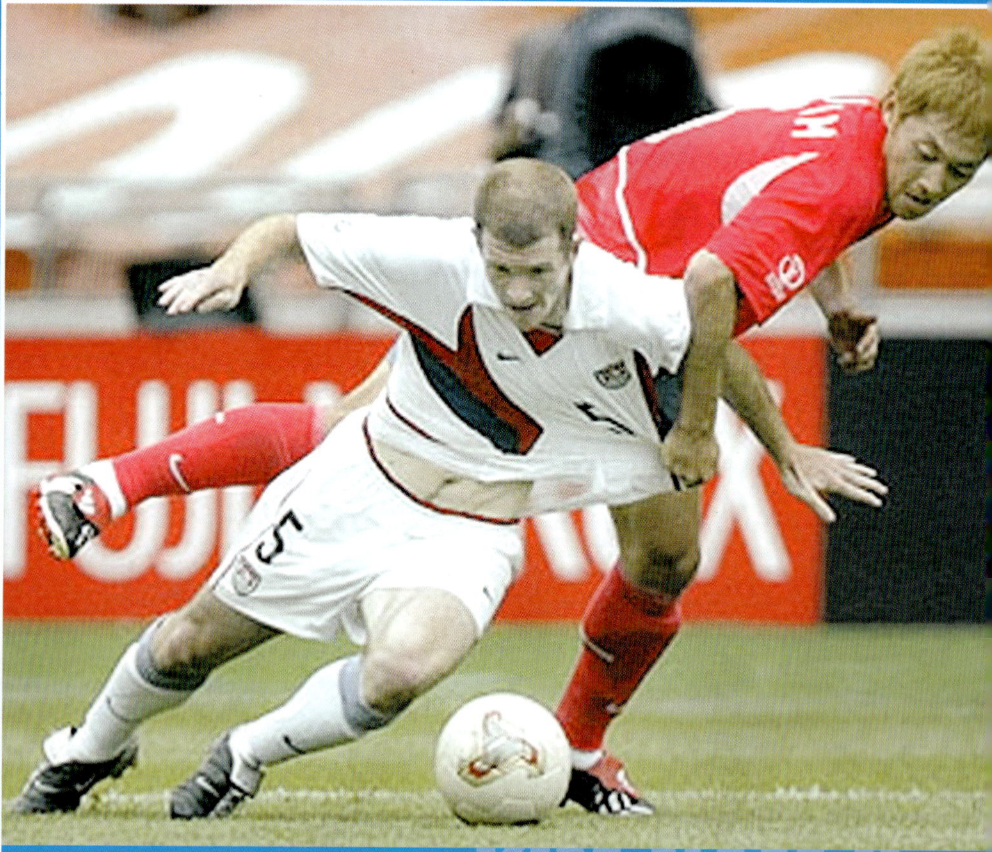

KIM NAM IL

이회택 감독이 본 - 김 남 일

내가 남일이를 처음 본 것은 남일이가 고등학교 (부평고) 2학년 때다. 그때부터 한양대를 졸업한 뒤 전남에 입단하고 월드컵 스타로 자라나기까지 가까이서 지켜 봤기에 누구보다 남일이를 잘 안다고 볼 수도 있겠다.

고등학교 때 남일이에 대한 첫 인상은 그가 특출했다는 점이다. 또래 선수들에 비해 시야, 패싱력, 체력이 월등히 좋았다.

그런 장점이 있었기 때문에 한양대 체육부장으로 있던 내가 남일이를 우리 학교로 직접 스카우트했다. 당시 남일이는 고종수(수원), 이관우(대전)와 라이벌 관계였다. 종수와 관우는 공격형 미드필더였고, 남일이는 플레이메이커로 서로 위치가 달랐던 까닭에 비교가 쉽지는 않지만 내가 1순위로 점찍었던 선수는 이관우였다.

PART 2

지금도 그렇지만 이관우는 한국 선수에게서 볼 수 없는 테크닉을 지녀 주위의 탄성을 자아내곤 했다.
남일이와 관우는 한양대로 데려오는 데 성공했지만 고종수는 프로행을 고집하는 바람에 스카우트에 실패했다.

종수도 스카우트 대상이었음은 물론이다. 그만큼 이 트로이카는 한국 축구를 짊어지고 나아 갈 일급 유망주들이었다.
고등학교 졸업 이후에도 네임 밸류만 놓고 본다면 세 선수중 남일이가 가장 처졌다. 특히 1998 프랑스 월드컵 이후 주가

가 급상승한 종수와 올림픽 대표로 맹활약한 관우에 비해 남일이는 일반인에게 이름 조차 생소한 그저 그런 선수로 인식됐다.

하지만 한·일 월드컵이 펼쳐진 6월 이후 서로의 처지가 180도 달라졌다.

이제 남일이가 최고 스타로 뜬 반면 종수, 관우는 부상에서 완전히 회복하지 못한채 재기의 나날을 기다리고 있다.

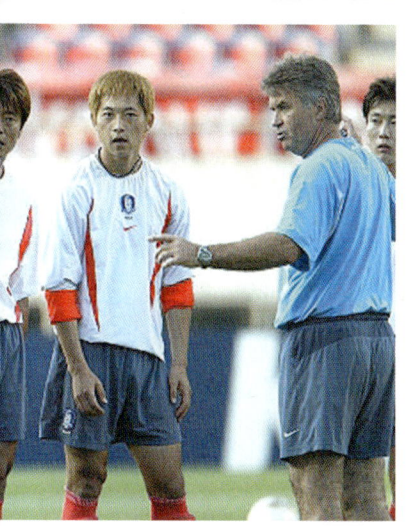

서로의 처지가 이처럼 순식간에 뒤바뀌었으니 또 상황이 어떻게 변할지 아무도 알 수 없는 일이다. 무엇보다 이들은 젊기 때문이다. 선의의 경쟁을 펼치는 세 선수가 자신의 단점을 보완하고 장점을 적극 활용, 한국 축구를 이끌어 갈 '영원한 맞수'로 성장하길 바란다.

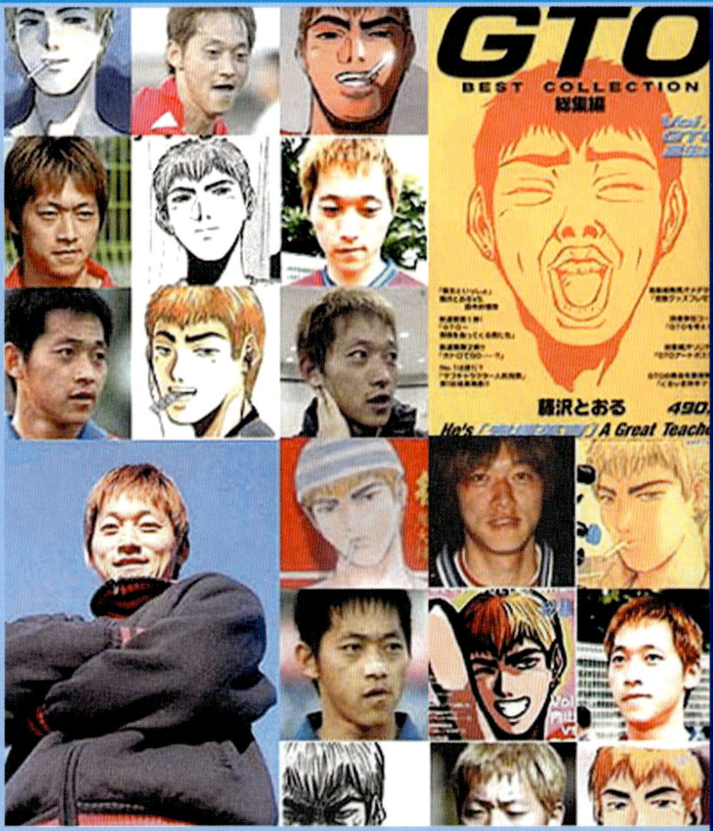

나에게 축구란, 내가 쓰러지냐.
상대가 쓰러지냐... 둘중에 하나다.

KIM NAM IL

한문배 감독이 본 - 김 남 일

남일이를 대학교 1학년 때부터 4학년까지 지도해 온 나로서는 최근 일고 있는 '김남일 신드롬'이 매우 놀랍고 기쁘기만 하다. 내가 데리고 있던 선수가 스타가 됐다는데 흐뭇해 하지 않을 감독이 어디 있겠는가.
하지만 남일이가 어느날 갑자기 하늘에서 떨어진 스타는 아니다. 남일이는 한양대 재학중일 때도 언제나 가능성이 있는 선수라고 생각했다.
그만큼 남일이는 잠재력이 있었다.
대학 시절의 남일이는 지금처럼 몸싸움을 심하게 하지는 않았다. 스피드가 다소 떨어졌으나 패스 타이밍은 남들보다 한 박자 빨랐다.

남일이의 가능성을 발견할 수 있었던 대목은 매우 영리했다는 점이다. 그때부터 남일이는 감독이 요구하는 사항을 누구보다 빨리 알아채는 재주가 있었다.

이러한 영리함 덕분에 히딩크 감독의 눈에 띄어 월드컵 스타로 발돋움한 것이 아닐까 싶다.

히딩크 감독이 체력을 중시한다는 사실을 깨닫고 체력을 키우는데 열중했던 것도 남일이가 영리하다는 하나의 증거다.

결국 히딩크 감독도 선수 보는 눈이 있었고 남일이도 좋은 감독을 만나 행운이 있었다.

한 마디로 히딩크 감독과 남일이는 궁합이 잘 맞은 케이스다.

대학때 남일이에게 주로 맡긴 포지션은 지금처럼 수비형 미드필더가 아니라 공격형 미드필더 혹은 게임 메이커였다.

게임을 읽는 시야가 좋고 패스력이 뛰어난 점을 고려했다. 남일이는 착실한 기본기와 패스력을 바탕으로 자신의 임무를 성실히 수행했던 것으로 기억한다.

이관우(대전), 남기일(전북)과 좋은 호흡을 맞추며 팀 공격을 주도했다.

물론 올림픽 대표로 자주 차출돼 학교 성적에 큰 도움이 되지는 못했지만.

플레이메이커를 맡았던 남일이는 대학 선수 치고는 수준급의 패스 능력을 갖추었으나 히딩크 감독의 조련을 거치면서 더욱 좋아졌다. 대학 때는 횡 패스나 리턴 패스만 많아 꾸지람을 듣기도 했는데, 지금은 전방으로 찔러 주는 훌륭한 패스가 자주 눈에 띄는 것이 그때와 크게 달라진 점이다.

지난 5월 프랑스와의 평가전에서 박지성에게 했던 어시스트가 대표적인 예다. 최근 남일이가 인터뷰에서 '공격형 미드필더로 전환, 도움왕이 되고 싶다' 고 한 발언은 치기어린 호언이 아니다. 충분히 가능한 얘기다.

인터뷰 얘기가 나와서 말이지만 요즘 각종 언론에서 나오는 남일이의 재미있는 인터뷰를 보면 '저 녀석에게 저렇게 재미있는 면이 있었나.' 하고 깜짝깜짝 놀라곤 한다.

대학시절에는 말이 없는 선수였기 때문이다.

워낙 과묵해서인지 남일이를 어려워하는 후배가 여럿 있었다. 물론 남일이가 무섭게 다그치는 성격은 아니었다.

겉으로만 무뚝뚝하지 오히려 후배가 힘들어 하는 점을 잘 이해하는 선배로 기억된다.

그래서 후배나 동료들이 남일이를 알면 알수록 더 많이 따르곤 했다. 이런 연유로 주장감으로 지목되곤 했으나 자주 대표로 차출돼 주장 완장을 맡기지는 않았다. 한번은 고된 숙소 생활을 참지 못한 남일이의 동기들이 무단으로 숙소를 이탈한 사건이 발생했다. 남일이가 2학년이었을 때다. 하지만 남일이만은 도망가지 않고 끝까지 남아 축구부를 지켰다.

그때 남일이가 내게 했던 말은 아직도 잊혀지지 않는다.

"감독 선생님, 이제 도망가면 저는 축구를 그만두는 것입니다."

고등학교(부평고)때의 과오를 되풀이 하지 않겠다는 다짐으로 비쳐졌다. 큰 부상없이 대학 생활을 무난히 마친 남일이에게도 딱 한번 위기의 순간이 찾아 왔다. 교통사고였다. 남일이가 3학년 말쯤으로 기억을 하는데 우리 축구부가 광양에서 겨울 합숙 훈련을 하고 있을 때였다.

구정을 맞아 서울 근처에 사는 김남일, 이관우(대전), 남기일(전북) 세 선수에게 휴가를 주었다. 사고는 서울에서 광양으로 돌아오는 길에 발생했다.

코치가 운전하고 세 녀석이 뒷좌석에 탄 승용차가 고속도로를 달리는 도중에 앞의 차가 급 브레이크를 밟아 우리 애들이 탄 차가 앞 차를 박은 것이다.

속력을 줄이지 못한 뒷차도 우리 차와 충돌했다. 이른바 3중 추돌사고였다.

고속도로에서 전속력으로 질주하던 차가 뒤에서 냅다 박았으니 뒷좌석에 타고 있던 세 녀석의 충격이 상당했겠지만 그다지 다치지 않은 기적(?)이 일어났다.

때마침 트렁크에 실었던 축구공 20개가 완충 작용을 해 그들을 살린 것이다. 축구공이 있었기에 망정이지 그렇지 않았으면 운동을 계속 하는데 치명타를 맞을 수도 있었다.

당시 관우는 1주일 정도 입원했고, 남일이는 운동을 잠깐 쉴 정도였다. 지금 생각해도 아찔한 기억이다.

여러 고비를 무사히 넘기고 남일이가 한·일 월드컵 이후 대스타로 성장했다.

독일에 패한 4강전에서 '남일이가 있었다면 결과가 달라지지 않았을까.' 하는 생각이 들 정도로 남일이의 활약은 대단했다. 팔은 안으로 굽는다지만 객관적으로 봐도 남일이가 많이 컸다고 확신한다.

앞으로는 남일이가 하기 나름이다. 자만하지 말고 지금까지 해온 대로 하면 영광은 그의 것이다.

체력과 몸싸움이 탁월하기 때문에 유럽에 진출해도 제 몫을 해낼 것이라 믿는다.

〈Daily Sports. 7. 15〉

N1

No.5 KIM NAM IL

오직 흘린 이 땀방울에 있었다.
내가 흘린만큼 이 땀방울이
지금 나를 있게 해준 것 같다.
오직 노력뿐이다...

그라운드와 인터넷 **황 태 자**

김남일과 류승범·양동근의 공통점은 무엇인가?
'꽃미남'은 아니지만 남성적 매력이 강하다는 점, 그리고 학교 다닐 때 절대 모범생이었을 것으로 보이지 않는다는 점.
쉽게 말하면 인물은 괜찮은데 '한 성질'하게 생겼고, 그것이 묘한 매력을 발산한다는 점이다.
월드컵과 함께 전국을 강타한 축구 스타 김남일 열풍.
그러나 김남일이 스타가 된 것은 스타에 대한 우리 사회의 취향이 달라졌다는 것을 의미하기도 한다.
김남일은 그라운드와 인터넷, 두 곳에서 동시에 떴다.
월드컵 기간중 악착 같은 수비로 실력을 인정받은 데다 그의 '어록'이 인터넷상에서 급속하게 유포되면서 그의 인기는 들불처럼 번졌다.

< < < < < 김남일 신드롬

PART 2

5월 프랑스와의 평가전에서 지단이 부상한 후 '그의 몸값이 얼마인 줄 아느냐?'는 질문에 '내 연봉에서 까라고 하세요.' 라는 식으로 호기있게 대답했다. 혹은 '남일이는 화면에 보이지 않으면 어딘가에서 상대방 선수에게 태클을 가하고 있을 것'이라는 주변인의 증언 등이 인터넷을 통해 빠르게 유포되면서 히딩크가 지어 주었다는 별명 '진공청소기' 김남일에 대한 반응은 뜨겁게 달아 올랐다.

그러나 이런 반항아적 매력은 최근 문화계의 새로운 신드롬으로 일찌감치 등장했다.

지난 해부터 서서히 인기몰이를 시작한 영화배우이자 탤런트 류승범, 최근 래퍼와 탤런트, 영화배우로 폭넓은 활동을 벌이고 있는 양동근의 인기에는 공통점이 많다.

고교 중퇴, 나이트클럽 DJ 경력 등 화려한 과거를 자랑하는 류승범 역시 이런 반항아적 이미지가 가득하다.

4월 종영한 〈화려한 시절〉(SBS)에서 주인공 지성보다 훨씬 높은 인기를 누렸던 류승범의 인기는 곧바로 옴니버스 영화 '묻지마 패밀리'의 흥행 성공으로 이어졌고, 그가 출연한 패스트푸드 광고 역시 인터넷상의 '고전'이 됐다. 류승범의 매니저는 '영화 〈죽거나 혹은 나쁘거나〉에서 보인 류승범  의 다소 일탈적인 이미지를 방송에서 차용한 것은 대중 기호가 그만큼 다양해졌다는 증거'라고 말했다.

양동근 역시 요즘 각광받기 시작한 반항아다.
그는 중·고교 시절 춤과 힙합에 미쳐 지낸 전형적인 반항아다. 그는 영화에서도 일탈적인 역할을 주로 했다. 김기덕 감독의 영화 〈수취인 불명〉에서 눈빛이 도발적인 흑인 혼혈아로, 〈해적 디스코왕 되다〉에서는 학교 수업을 빼먹고 집에서 술을 마시거나 동네 깡패들과 패싸움하는게 취미인 문제아로 나왔다. 이런 스타들이 뜨는 것은 그들의 일탈적인 이미지가 곧 순수함의 상징으로 받아들여지고 있기 때문이다.

〈화려한 시절〉의 류승범은 사고뭉치이기는 하지만 정이 깊고 정의감이 강한 청년으로, 방영중이 드라마 〈네멋대로 해라〉(MBC)의 양동근은 소매치기이지만 순수한 사랑의 마음을 가진 청년(게다가 시한부 생명까지!)으로 그려지고 있다.

김남일과 류승범·양동근의 특징은 하고 싶은대로 말하고 행동한다는 점이다. 여기에 모두 그리 유복하지 않은 어린 시절을 딛고 일종의 '성공 신화'를 말들었다는 것도 매력으로 작용한다.

널리 알려진 것처럼 류승완 감독의 동생 류승범은 어려서 부모를 잃고, 조모님 손에 의해 컸다.

감수성이 예민한 류승범은 형보다 더 많이 방황했다.

다행히 류승완 감독의 첫 작품 〈죽거나 혹은 나쁘거나〉가 히트를 치면서 배우로 출연한 동생까지 스타로 부상했다.

양동근은 91년 아역 탤런트로 데뷔했으나 그리 넉넉한 어린 시절을 보내지는 못했다.

'요즘은 옛날보다 돈이 많이 생겨 운동화를 한 열켤레쯤 갖고 있다.'

고 자랑하는 그의 모습에 가끔 그늘이 진다. 김재원이 연예계의 꽃미남 안정환형이라면 양동근·류승범은 이에 맞서는 반항아 김남일형이다.

꽃미남이 풍족한 시대를 대변하는 고급 지향의 취향이라면 김남일형 같은 땀내 나는 스타일의 인기는 풍족의 시대에도 사람들은 인간미가 있는 서민 영웅을 그리워한다는 의미로 풀이 된다.

KIM NAM IL

네덜란드에서 부는 남일 신드롬

터프가이 김남일의 인기가 이역만리 떨어진 네덜란드에서도 불붙고 있다.

7월 8일 PSV 아인트호벤의 훈련장인 '더 헤드강'을 찾은 현지 축구팬들은 한국 취재진을 보자 '김남일같은 뛰어난 미드필더가 아인트호벤에서 뛰었으면 좋겠다'며 '한국 축구가 월드컵에서 보여 준 기적에 감동했다'고 말해 취재진을 깜짝 놀라게 했다. 이는 월드컵에서 유럽의 대스타들을 무력화 시켰던 김남일의 찰거머리 수비가 유럽인들의 뇌리에 깊숙이 박혔다는 증거다. 특히 현지 축구팬들은 한국과 이탈리아의 경기를 월드컵 최고의 명승부로 꼽으며 화려한 공격보다 타고난 체력을 바탕으로 묵묵히 상대공격을 무력화 시켰던 김남일의 플레이에 감동받았다는 표정이 역력했다.

아인트호벤 서포터스인 마르코 코엔덴은 '김남일과 같은 선수는 아인트호벤에 꼭 필요한 선수'라며 '라이벌인 아약스 암스테르담을 꺾고 리그 우승을 이끌어 내는데 일조할 수 있는 선수'라고 칭찬을 아끼지 않았다. 특히 코엔덴은 '아인트호벤에는 이미 호마리우(88~93년)와 호나우두(94~96년)같은 세계적인 스타들이 몸담았던 만큼 김남일과 같은 한국선수들이 이곳에서 배우면 세계적인 스타로 거듭날 수 있을 것'이라고 덧붙였다. 이에 따라 유럽리그로의 진출을 노리는 김남일로선 이번 월드컵을 통해 자신의 존재를 유럽에 알릴 수 있는 좋은 기회가 됐음이 여실히 드러났다.

그러나 김남일과 같은 한국선수들의 유럽 진출에는 많은 어려움이 도사리고 있는 게 사실이다.

선수들의 실력이 평이하고 경기 수가 적은 K리그와는 달리 유럽리그는 K리그보다 최소 3배 이상의 경기 수를 소화해야 하기 때문에 체력면에서 기본으로 갖춰져야 함은 물론 뛰어난 개인기 없이는 생존 자체가 불가능하다.

아인트호벤의 프레드 르폼 유소년 유망주 담당 코치 역시 한국 등 아시아 선수들이 유럽에서 제대로 경기를 치르지 못하는 이유에 대해 '부족한 개인기'를 꼽았다.

그는 '유럽리그의 경우 팀당 한 시즌에 60~70경기를 소화해내는 만큼 체력은 기본'이라며 '부족한 개인기로는 살아남을 수 없다.'고 못박았다.

특히 유럽리그는 한국과 같은 팀들이 개인기 부족을 보충하기 위해 벌이는 협력 플레이를 하지 않는 만큼 개인기 없이는 살아남기 힘들다고 덧붙였다. 이에 따라 체력에서 완성단계에 오른 김남일과 같은 한국의 '영스타'들이 개인기 개발 여부에 따라 유럽 진출이 용이할 수 있을 것으로 보인다. 2002한·일 월드컵을 계기로 스타덤에 오른 김남일이 과연 유럽 진출의 꿈을 이뤄 '신드롬'의 결정판을 이뤄낼지 주목된다.

〈Sports today. 7. 9〉

차두리가 말하는 김남일 일화 한토막...

서울로 올라 오는 길에 다시 기분을 되찾은
차두리가 지난 전훈때 있었던 일화 하나를 소개.

"(김)남일이 형이요… 진짜 코메디언이었어요.
우루과이랑 경기하기 전에 왜 그 우루과이 탤런트
여자 애 하나 경기장에 나왔잖아??
경기장에 나가기 전 라커룸 통로에서 양팀 선수
들이 줄을 쭉 서서 기다리고 있는데…
그 여자가… 어우, 걔 실물로는 얼굴이랑 체격
이랑 장난 아니었거든…^^
그 여자가 자국 팀 선수들 쭉 서 있는데 한명씩
건투를 비는 키스를 다 해 주는 거야!!
바로 맞은 편에 줄을 서 있던 우리 형들이 그걸
보고 엄청 부러워 하고 있는데…
갑자기 끝에 서 있던 남일이 형이 혼자 조용히
우루과이 쪽 줄로 옮겨가는 거야.
그러더니 그냥 아무 일도 없다는 표정으로 그
여자 애가 자기 앞으로 오니까?
이렇게 볼을 내밀고 키스를 받는 거야….
하하하…
경기를 앞두고 그 긴장된 순간에…
우리 다 뒤집어 졌잖아요.
그거 보고 우리 다 죽었어 그냥!! END

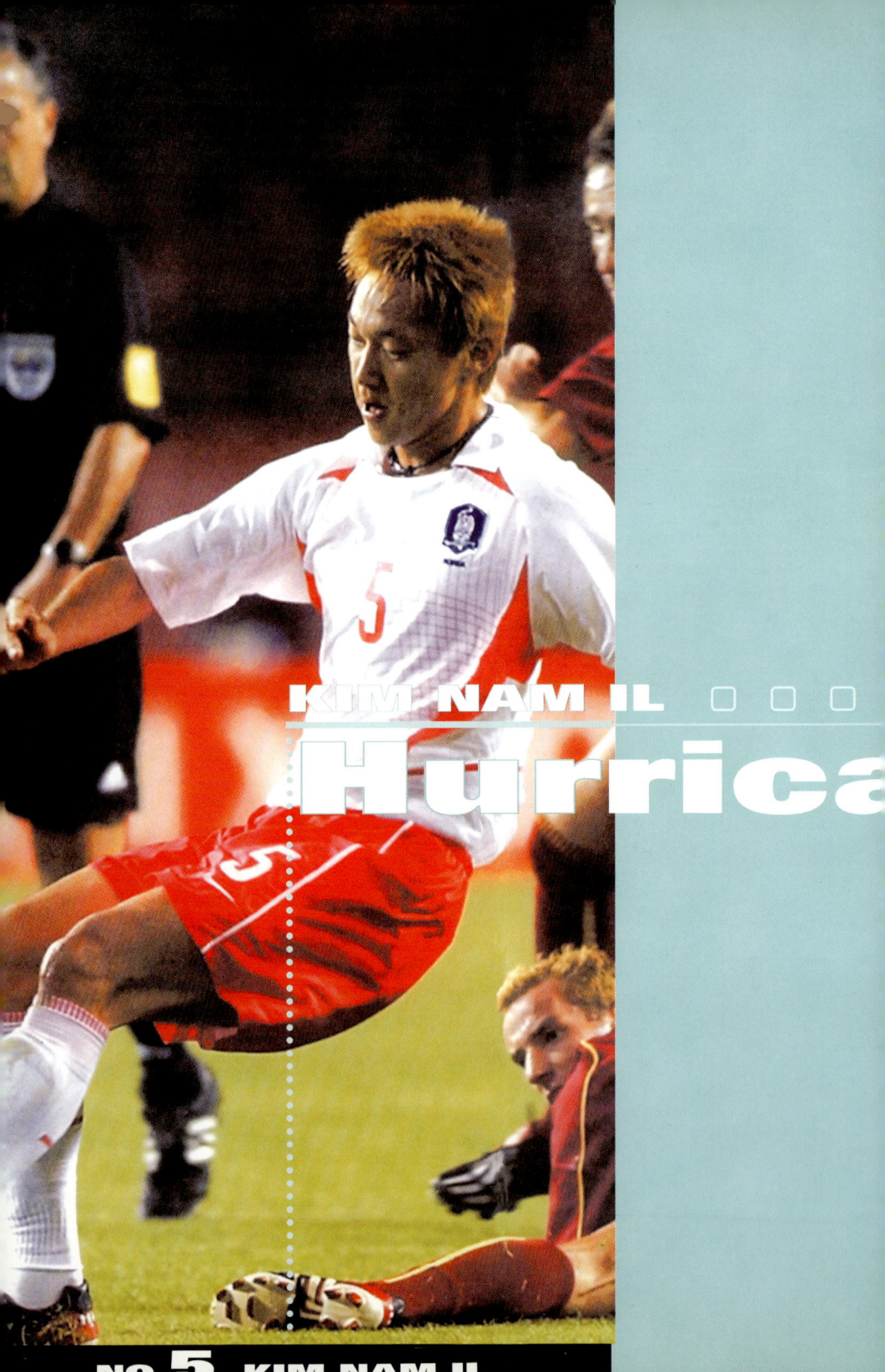

PART 3
KIM NAM IL STORY BOX

초대형 허리케인
- N1 -

김남일은 얌전한 순종형이 아니다.
오히려 곤두선 머리털처럼 반항끼가
엿보이는 젊은이다.

하지만 그는 그 반항의
에너지를 축구에 쏟음으로써 멋지게
승화시키는 그라운드의 제임스 딘이다.

PART 3

공포의 외인구단 까치 - 김남일

N1 인기 코리안특급 박찬호 훌쩍 넘어

N1 제2의 히딩크

여고생 인기 '짱'

나이트 함께 가실분...

N1 Life...

공포의 외인구단 까치 - 김남일

공포의 외인구단 까치처럼 한 눈에 불거져 보이는 선수가 있는데 그가 바로 주인공 김남일이다.

외모에서 풍기는 헤어스타일 때문만이 아니라 표정에서 느껴지는 강한 도전 정신과 잡초 같은 근성 때문이다.

유달리 큰 눈망울이 약간 튀어나와 딱부리과에 속하는 데다 호리하게 빠진 턱에 한쪽 어금니를 문듯한 입술 모습이 독특한 그는 가장 생기발랄하게 보인다.

김남일은 얌전한 순종형이다.

오히려 곤두선 머리털처럼 반항끼가 엿보이는 젊음이다.

하지만 그는 그 반항의 에너지를 축구에 쏟음으로써 멋지게 승화시키는 그라운드의 제임스 딘이다.

그의 또 다른 매력은 경직되지 않은 발랄함이다.
어려운 환경을 거쳐 왔음에도 주눅들지 않고 밝은 분위기로 곧잘 튀는 행동을 하는 그에겐 뒤틀린 구석이 없다.
그래서 귀엽다.
눈치를 보려 들지 않고 발랄한 신세대의 특성을 과하지도, 모자라지도 않게 보여 주는 것이다.
그러나 뭐니뭐니해도 그의 강점은 '진공청소기'라는 별명답게 세계적인 스타들을

악착같이 마크하는 뛰어난 수비력이다.
마치 먹이감에게 달려드는 독수리를 마구 쪼아대며 막아내는 까치처럼 필사적인 몸짓이다.
눈물과 땀으로 흥건해진 옷자락을 거머 쥔 자만이 할 수 있는 몸짓이다.

그럼에도 그는 경쾌하다.
큰 눈에는 장난끼가 대굴대굴 구르고, 씩 웃는 입가에선 짓궂음이 스며나온다.
웃음이 좀체로 없는 홍명보와 너무 미남인 안정환에 비해 친근감이 가지 않을 수 없는 친구다.
그래서인지 김남일은 신세대의 관심과 사랑이 듬뿍 쏠리는 대상이다.
그럴 일은 없겠지만 김남일이 배우가 된다면 폭주족으로 나와 삐딱하게 눈을 치켜뜨던지 아니면 코미디에 나와 엉뚱한 돌출 행동으로 관객을 웃기는 능청스러운 캐릭터를 연기하면 어울릴 것이다.

남궁설민 (파티마 의원장)

N1 인기 코리안특급 박찬호 훌쩍 넘어서

'진공청소기' 김남일이 한양대 선배인 '코리안특급' 박찬호의 인기를 훌쩍 넘어섰다.
지난 7월 8일 한양대 동문회관에서 김남일과 박항서 대표팀 코치, 김대업 주무를 초청, '2002 월드컵을 빛낸 한양 동문 축하연'을 열었다.
최근 하늘 높은 줄 모르고 치솟고 있는 김남일의 인기를 의식, 전례없는 행사를 개최한 것이다.
이날 행사장에는 김남일의 얼굴을 보기 위해 500여명의 여학생들이 몰려 김남일이 잠시 몸을 피하는 해프닝까지 발생했다.

PART 3

김남일을 가까이서 보기 위해 2시간 전부터 기다렸다는 김미경씨(화학과 3학년)는 '최근 이렇게 성대한 행사가 열린 것을 본적이 없다' 며 '김남일이 한양대 출신이라는 것이 너무 자랑스럽다. 김남일은 이제 한양의 상징이다' 라고 말했다. 사실 지금껏 한양대를 상징하는 체육계 인물은 메이저리그에서 성공 신화를 창출한 박찬호였다.
최초의 메이저리거로서 5년 연속 10승을 올린 박찬호에 비하면 김남일은 그야말로 무명에 지나지 않았다. 몸값으로만 봐도 박찬호의 올해 연봉은 약 80억원, 김남일은 9,000만원일 정도로 비교 조차 힘들었다. 그러던 상황이 월드컵이 펼쳐진 한달만에 바뀌어 한양대 재학생들의 관심이 온통 김남일에게 몰리게 된 것이다. 하지만 김남일이 박찬호의 인기를 앞섰다는 주장에 반대하는 이도 만만치않다.
오은주 한양대 동문회보 기자 (사회학과 4학년)는 '올해 박찬호의 성적이 그다지 좋지 않기 때문에 잠시 관심이 사그러든 것일 뿐' 이라며 '박찬호가 다시 괜찮은 활약을 보이면 금새 인기가 올라갈 것' 이라고 밝혔다.

아무튼 프로팀으로 부터 제의받은 3,000만원대의 몸값을 거부하고 메이저리그로 진출한 박찬호나 히딩크 감독이 주위의 만류를 뿌리치고 대표팀 주전 미드필더로 선발한 김남일 덕분에 한양대는 이래저래 대박을 터뜨렸다.

〈Sports today. 7. 10〉

KIM NAM IL

N1 제2의 히딩크

진공청소기 김남일이 거스 히딩크 전 대표팀 감독의 '황태자'로 사랑을 독차지할 수 있었던 이유가 드러났다.
이는 김남일이 히딩크 감독의 현역 선수생활때 플레이스타일과 너무나 흡사한 면모를 보였기 때문이다.
현역시절의 히딩크 감독과 김남일을 비교하면 여러모로 닮은꼴을 발견할 수 있다.
우선 둘 다 상대팀을 제압하는 강한 체력과 카리스마를 가지고 있는 것.
히딩크 감독이 67년부터 77년까지 10년 동안 몸담았던 네덜란드 1부리그 '데그라샤프트'에서 보여 준 플레이 스타일은 김남일이 월드컵 동안 보여 줬던 터프함과 너무나 유사하다.

데그라샤프트 시절의 히딩크 감독을 기억하고 있는 두팅햄 지역과 고향마을 바르세벨트의 주민들은 선수로서의 히딩크 감독에 대해 '그라운드 안에서는 거칠지만 경기가 끝나면 얌전해지는 두 얼굴을 가졌다.'고 술회했다.

특히 현역시절 미드필더를 맡았던 히딩크 감독은 강한 정신력을 바탕으로 한 과감한 플레이로 상대선수들과 종종 승강이를 벌였다.

이때마다 히딩크 감독은 상대선수들에게 절대 지지 않는 당당함으로 맞서 서포터스의 가슴을 후련하게 해주었다는 것. 이번 월드컵을 통해 김남일이 여성팬들의 최고 관심거리로 떠오를 수 있었던 것도 바로 히딩크 감독을 능가하는 자신감이었다.

상대선수와 승강이가 벌어지면 오히려 한 발짝 더 다가가 강한 눈빛으로 기선을 제압해 버리는 '김남일표 터프'가 여성 축구팬들의 시선을 한 번에 사로 잡아 버렸다.

이 때문에 거친 몸싸움을 주문해 온 히딩크 감독으로선 자신의 분신을 보는 듯한 착각에 빠질 수 밖에 없었다.

또 다른 닮은 꼴은 대기만성형의 성장모습을 보여온 것.

히딩크 감독은 선수시절의 화려함보다는 은퇴 후 감독생활을 통해 자신의 존재를 세계 축구팬들에게 부각시켰다.

김남일 역시 98아시안게임을 통해 첫 태극마크를 달았지만 눈길을 끌지 못하다 2002월드컵을 통해 자신의 기량을 한껏 펼쳐보이면서 국내 최고의 축구스타로 급부상하기에 이르렀다. 이제 김남일이 닮아야 할 것은 히딩크 전 대표팀 감독이 선수시절 보여준 폭발적인 득점포만 남은 셈이다.

히딩크 감독은 68~70년 두 시즌 동안 무려 36골을 넣을 만큼 팀의 골게터로 명성을 날린 바 있다. 히딩크 감독의 지난날을 돌아보게 하는 듯한 플레이를 통해 '애제자'로 거듭났던 김남일이 '청솔어람'의 모습을 보여줄지 기대된다.

〈Sports today. 7. 10〉

KIM NAM IL

여고생 인기 '짱'

진공청소기' 김남일이 새로운 오빠 부대의 우상으로 떠올라 전국을 강타하고 있다.

인터넷 팬클럽수가 6백개가 넘고, '베스트 MF 김남일' 이라는 한 카페(www.cafe.daum.net/kni84)의 회원수가 무려 70만명이 넘는다.

마이클럽 등 여성 인터넷 사이트에는 김남일의 프로필과 사진, 예전에 출연한 아디다스 CF 등 각종 자료가 즐비하고, KTF에서 실시한 응원 메시지 보내기 사서함에 들어 있는 김남일의 목소리까지 올라와 있다. 그야말로 인기 연예인을 방불케 하는 폭발적인 인기다.

김남일의 인기 비결은 신세대에 어필하는 귀여운 외모와 터프한 플레이에 있다.

여성팬들은 '악동 같은 미소가 너무 귀엽다.'
'지치지 않는 체력과 승부 근성에 반했다.'
'프랑스의 지단도 두려워할 만큼 거친 플레이가 멋있다.' 는 등 찬사를 늘어놓고 있다. 심지어 '김남일이 모델과 사귀고 있다.' 는 스캔들이 인터넷상에 나돌면서 진위 여부를 놓고 네티즌끼리 논쟁을 벌이기도 했다.

또 지난 2월 우루과이와 평가전 때 우루과이의 여가수가 자국 선수들에게 뽀뽀해 주자 슬쩍 자리를 옮겨 천연덕스럽게 뽀뽀를 받았던 일 등 김남일과 관련된 각종 에피소드도 인기를 끌고 있다.

사실 김남일은 '히딩크의 황태자' 로 실력을 인정받았음에도 지명도는 그다지 높지 않았다.

하지만 월드컵이 개막된 이후 축구 시청자가 늘어나면서 김남일의 존재를 새롭게 알게 된 여성팬들의 대폭적인 지원을 받게 된 것이다.
'테리우스' 안정환이 여전히 높은 인기를 유지하고 있지만 지난해 결혼, 유부남이 되면서 폭발적인 인기는 다소 수그러진 것이 사실. 이제 그 자리를 김남일이 대신하게 된 셈이다.

회사원 김미정씨(22)는 '김남일의 어린 시절 사진을 보기 위해 한 인터넷 사이트에 회원으로 가입했다'고 털어 놓으며 '그동안 축구는 몇 명이 하는지도 몰랐는데 이제는 웬만한 용어는 다 알게 됐다. 앞으로 김남일을 보기 위해 프로 축구장을 찾을 생각'이라고 말했다.

〈Sports today. 7. 18〉

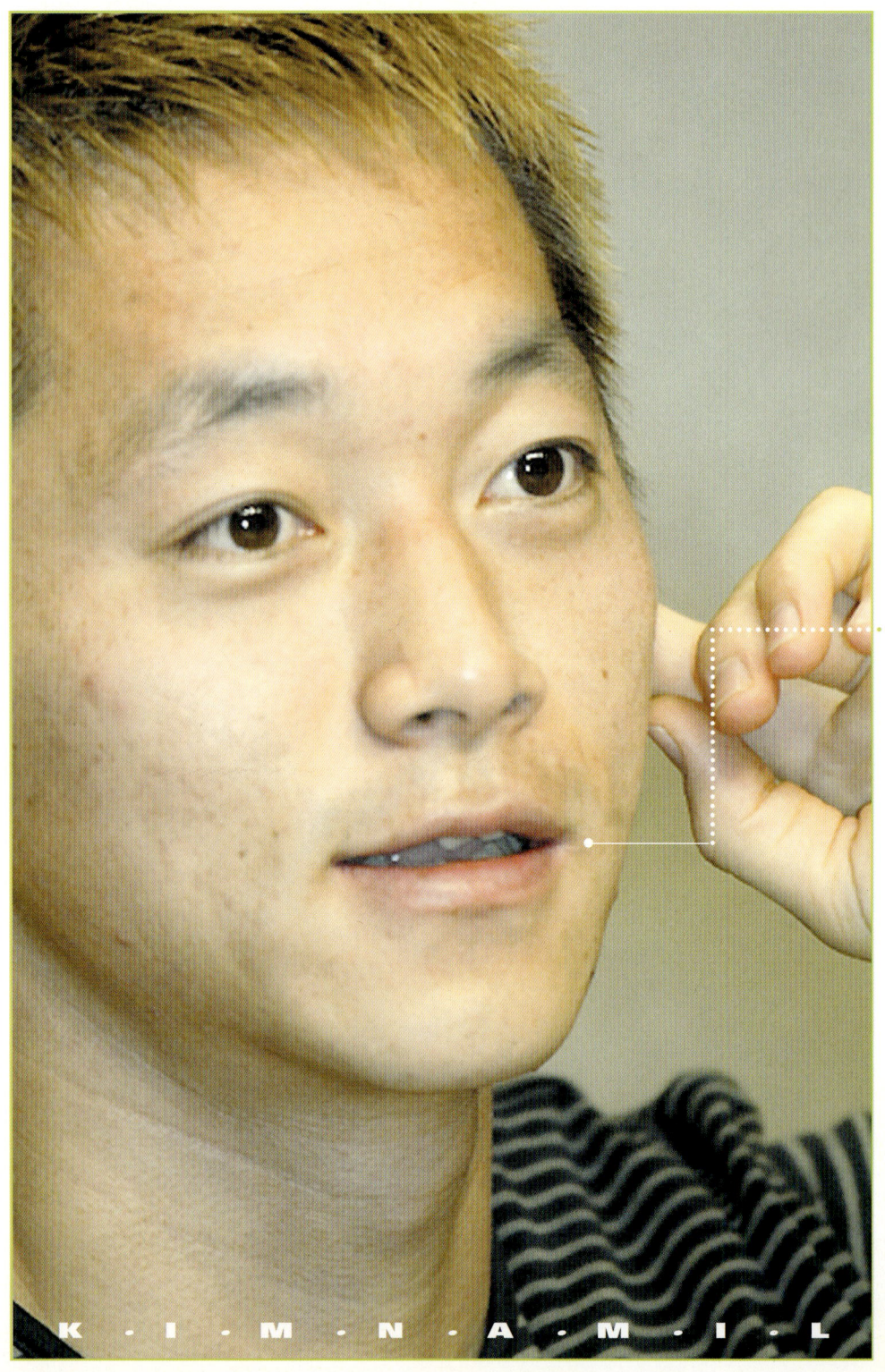

천원아까버서 젬방 못왔는데!!!
나이트는 가도 말이죠.
이젠 천원 정도 쓸수 있는 인간이 되었습니다.
참 많은 시간…
고통스러운 시간…
행복했던 시간…
소망의 시간…
 다 지나가 버렸네요.
이제 K리그도 시작하고요.
벌써 2시 43분 전 나이트 가서 놀다가
이제 나와서 친구들이랑 밤이나 새면서 오락이나 할라구요.

나이트 함께 가실 분!!!

곳은 인천 부평 뭐뭐 PC인터넷 하우스입니다.
근데 제가 왜 이렇게 인기가 많은지… 진짜 어이 없구요.
저 좋아 해주시는 분들… 저 좋아하지 마세요.
별거 없는 인간이니까요.
그리고 글쓰신 것들 다 읽어 봤는데…
너무 무서운 글이 많아서리…
돈 받아서 집도 사고 제 일생에 가장 행복한 시기가
이 시기가 아닐까 생각됩니다.
이대로 죽어버릴까.
한골 와주시는 분들 그럼 나중에 또 쓸게요.
아 그리고 국민 여러분 사랑합니다. 모든 분들 다요.
저를 사랑안해도 돼요.
전 사랑할꺼니까요. 그럼!!!
국가대표 김남일 드림.

N1 LIFE...

'왜 맨날 우리만 걸려?'

❝ 힘들어 죽겠는데 왜 맨날 나만 걸려 - 남일 ❞

❝ 출전도 한번 못했는데 이거 쑥스러 죽겠네 - 영민 ❞

6월 18일 이탈리아와의 16강전을 치른 후 도핑 테스트를 받은 김남일과 현영민의 푸념이다.

김남일과 현영민은 이번 대회 들어 치른 4경기 중 각각 세 차례와 두 차례 도핑 테스트를 받았다. 무작위로 대상자가 뽑히는 것을 감안하면 '팔자' 라고 생각하기에도 억울한 측면이 많다.

대부분의 선수들은 도핑 테스트를 좋아하지 않는다.

경기가 끝난 후 피곤에 지친 몸으로 테스트를 받기 위해 오래 기다려야 하기 때문이다. 테스트는 혈액과 소변검사 두 가지로 이뤄지는데 특히 선수들이 애를 먹는 것은 소변검사.

90분을 풀로 뛰고 나면 이미 땀으로 수분이 거의 다 빠져 나가 웬만해선 소변이 잘 나오지 않는다.

빠른 '분출'을 위해 물을 여러 컵 마셔 보기도 하지만 여의치 않아 장시간 기다리는 경우가 종종 있다.

특히 열받은 것은 김남일쪽.

경기중 왼쪽 발목을 접질려 가뜩이나 아파서 견디기 힘든 상황에서 도핑 테스트에 걸렸으니, 일단 걸리면 안 받을 수도 없고 '선수 교체'도 안되고, 하지만 경기도 뛰어보지 못한 채 도핑 테스트만 받은 현영민도 마음이 속타기는 김남일에 뒤지지 않는다. 김남일과 현영민은 이날 숙소에 가장 늦게 돌아가야만 했다.

〈Daily Sports. 6. 20〉

2006년
월드컵!!! 꿈은 꼭 이루질 것입니다.. ^-^

벌써 2002년 한·일월드컵도 폐막한지 많은 시간이 흘렀네요.
이번 월드컵을 보면서 전 엄청난 감동을 받았습니다...
우리나라 국민 모두가 빨간티를 입고 길거리응원을 했다는건 월드컵 시작하기 전에는 상상도 할 수 없는 일이었습니다.
하지만 월드컵 기간동안 우리 국민들중에 3명중 1명이 길거리 응원에 동참했다고 합니다.

저도 2 경기를 제외하곤 5 경기를 길거리 응원에 동참했습니다.
정말 우리나라가 4강신화를 이뤘던 그날 제 눈에서는 나도 모르게 눈물이 흘르더군요..
한마디로 감동 그 자체였습니다.
아쉽게 4강전, 3-4위전에서 독일, 터키한테 패했지만 선수들과 히딩크 감독님께 우리에게 이런 멋진 경기를 보여준 것에 대해 감사하다고 말하고 싶내요. 그리고 길거리 응원을 하면서 아무런 사고없이 열심히 대~한민국을 응원해 준 우리 국민 모두가 자랑스럽습니다.
이제 한·일월드컵은 그 막을 내렸습니다.
3-4위전때 대구경기장에 서 응원하던 관중들이 보여준 C.U@K리그라는 카드섹션이 기억에 남내요.
이 뜻은 월드컵의 열기가 다시 프로축구 K리그까지 가기를 바라는 그들의 메시지였습니다. 우리 국민 모두가 축구경기장에 자주 가기는 어렵지만 한번만이라도 프로축구 활성화를 위해 경기장에 가주셨으면 하는 바램입니다....
그리고 이젠! 4년 후 우리 대한민국은 독일에서 우승컵을 가져오는 꿈같은 일이 현실로 다가올 날도 이젠 멀지 않습니다.
월드컵 우승하는 대한민국을 볼때까지 전 영원히 그들과 함께 숨을 쉴 것입니다.
대한민국 파이팅!!!!!!!!!!!!Forever...

네티즌 김범준

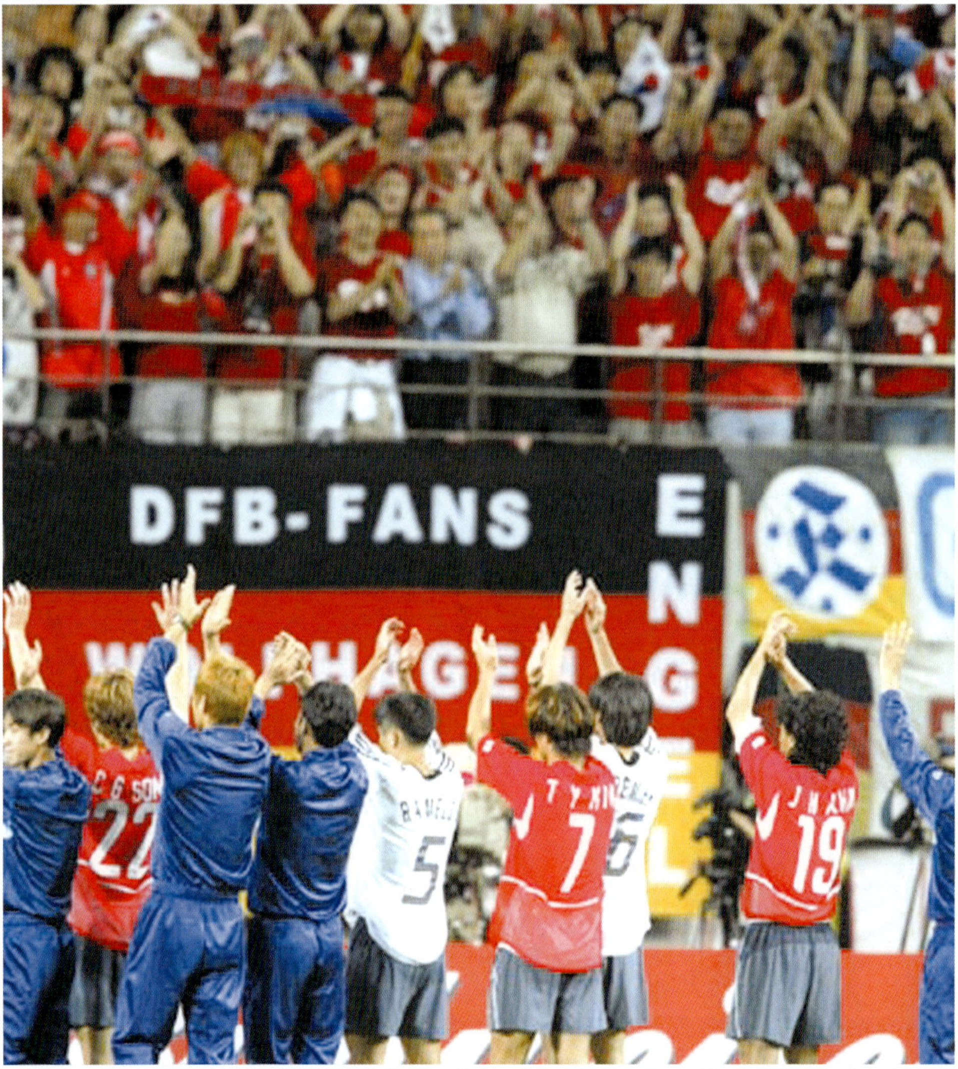

터키전에서 졌지만 넘! 잘했고, 넘! 멋져요.

우리나라가 터키에게 졌지만...
4위에 올ㄹㅏㄱㅏㅅㅓ
넘! 잘했어요..
우리 다같이!!! 대~한 민 국~ 짝 짝   짝 짝   짝
세번 외쳐 봅시다...
울나라!! 최고! 잘했어요. 넘! 멋져요.

네티즌 최혜원

우리 선수들... 아깝네영

벌써 월드컵이 끝난 지 2주일이나 지남....
곧 방학인데 축구 없이 어떻게 사남....
ㅠ__ㅠ;;......
어쨌든.... 축구 잘해줘서 감사합니다.
제가 15때.... 월드컵 하니까......
그때는 꼭 월드컵 우승해야 해요~~~
그럼 good!!~!~moning ~~~~~~
하하하하하하하 이거 맞나???
그럼 FIFA 2006년도 때 해야 해요...

네티즌 정우진

또.. 눈물이... 나오네요

월드컵...... 6월은.. 넘넘.. 행복한거.. 같아여..
아직. 월드컵.. 응원만.. 나오면.. 눈물이 날것 같구여..
선수들이.. 골넣을?.. 노래와.. 함께.. 쫙 깔리면 정말..
배개를.. 붙잡구.. 울고싶을 정도로... 행복.. 행복해요.
지금은.. 이제.. 8월이.. 다 되가지만... 전.. 아직두..
벅스뮤직 들어가서. 응원가 듣구요..
항상.. 관련자료 많이 뽑아여.. 아! 참.. 글구..여.
(도레도레파솔라솔 도레파솔 라솔파 도 시라솔 파 도시라.....__)
이거..항상.. 경기 끝나구.. 몇대 몇으로 우리가 이기고 졌다고
나올?.. 나오는 노래인데요... 넘.. 좋아서여..
제목좀 구해 주세요... ^0^;;;

네티즌 김영우

오!필승! 코리아~

MADE IN KOREA

태극 전사에 받치는 시

글쓴이 박남주

오! 필승! 코리아 대~한민국
부산에서 대구에서
광주에서 그리고 서울에서……

아버지는 탄광에서
어머니는 행상으로
너희들은 자갈밭과 황토밭에서
일구었구나.

일제의 노예 생활에서
전쟁의 상흔에서
근대화의 바퀴에 짓눌리면서
땀과 눈물을 닦아야만 했던
지난날의 서글픔을
씻어주었구나.

동경에서 L.A에서
파리에서 이스탄불에서
그리고 네델란드에서…
오! 필승! 코리아 대~한민국
기쁨과 놀라움을
함께 하였구나.

태극 전사여!
언젠가 너희들이 해낼 줄 알았지만
이토록 가슴 벅찰 줄은 몰랐구나.

부패한 정치와
저질적인 지역 감정은 가라.
보이는가 들리는가.
붉은 악마의 한결 같은 목소리
오! 필승! 코리아 대~한민국

이제는 너희들이 앞장을 서거라.
오천년 역사의 문화와 선조들의 혼백을
너희들이 이끌거라.
세계의 4강으로 우뚝 서거라.
태극 전사여! 태극 전사여!
붉은 악마와 함께 어울어지거라.

그리고 대~한민국의
함성이 북녘 하늘로
치솟거라 치솟거라.
자랑스런 태극 전사여!
태극의 물결로, 태극의 물결로

자랑스런
대한의 아들로 태어나
이토록 가슴 뿌듯한 때가
또 어디 있었단 말인가.

오! 필승! 코리아 대~한민국의
함성 소리가 들리지 않은가.
3·1 운동과 4·19와 5·18의 함성과
어울어져 있지 않은가.

금강산으로 을밀대로
송악산으로 그리고 백두산으로…
사상과 굶주림에
움추려진 주름살을
환한 웃음으로 만들지 않겠는가.

오! 필승! 코리아 대~한민국
우리의 태극 전사여!
대한의 태극 전사여!

PART 4
KIM NAM IL STORY BOX

남이르 오빠 사릉훼요

N1

눈빛이 느끼해서 귀여운 남자.
축구를 너무나도 잘하는 남자.
깡이 쎄도 깜찍한 남자.
나이트가서 밤도 샐줄아는 남자.
안 바쁜데도 바쁜척 할 수도 있는 남자.

N1 오빠 만나게 해달라? 수업거부

남일에게 띄운 아버지 편지

남일의 어린시절

N1... PAN LOVE LETTER

N1 오빠 만나게 해달라? - 수업거부

전국 중·고등학교에 '김남일 비상령'이 내려졌는가 하면, 서울시 지하철에 '김남일 열차'까지 등장하는 등 가히 한반도가 '김남일 신드롬'에 휩싸여 있다.

폭발적인 인기몰이를 하고 있는 '진공청소기' 김남일의 경기를 보여 주지 않으면 공부를 하지 않겠다는 여학생들이 속출해 교육계는 물론 학부모들까지 한바탕 몸살을 앓고 있는 것이다. 또 서울시 지하철엔 김남일을 주인공으로 한 테마열차가 운행되는 등 갈수록 거세지는 김남일 폭풍에 온나라가 들썩이고 있다. 최근 마산과 천안의 입시학원에서 전남 구단으로 다급한 전화가 걸려 왔다. 입시준비로 가장 바빠야 할 때인 고2와 고3 학생들이 김남일을 직접 보게 해주지 않으면 수업을 거부하겠다고 단체로 데모에 들어갔다는 것.

학원 관계자들은 부랴부랴 전남 구단으로 '어떻게 하면 좋겠냐?' 는 하소연의 전화를 걸어 왔고, 구단은 입장권 가격을 대폭 할인해 줘 광양 홈경기 안양 LG전을 볼 수 있도록 조치했다.

월드컵서 다친 왼쪽 발목이 아직 낫지 않은 김남일은 안양전에는 뛸 수 없지만, 학생들은 구장에 잠깐 모습을 나타낼 김남일을 먼발치에서 본다는 사실 하나로 벌써부터 흥분한 표정들이다.

또한 학부모로 부터도 구단에 항의 전화가 쇄도했다.
김남일 때문에 자녀가 도통 공부를 하지 않는다는 것이다.

한 학부모는 전화를 걸어 와 '중3인 우리 딸은 할 줄 아는 것은 공부 뿐인데 김남일을 만나게 해주지 않으면 앞으로 펜을 잡지 않겠다고 해 걱정이 이만저만 아니다' 며 '어떻게 방법이 없겠냐' 는 전화 내용이었다.

전남 구단에 따르면 이런 전화가 하루에도 수백통씩 걸려와 아예 사무실 수화기를 내려놓고 있을 정도란다. 본의 아니게 교육계의 원성을 한몸에 사게 된 김남일은 '소녀팬 여러분들의 열화와 같은 성원에는 감사드리지만, 그렇다고 학업을 소홀히 하면 절대로 안된다.' 며 '그건 오빠가 바라는 게 아니다' 고 신신당부했다.

남일에게 띄운 아버지의 편지

모처럼 경기도 용인 공사현장에서 집으로 돌아와 비디오를 켰단다. 말수가 적고 착하기만 한 우리 막내가 세계적인 선수들의 공격을 막아내기 위해 격렬하게 몸싸움을 하는 경기 장면을 보니 여간 대견스러운 게 아니더구나.

경북 상주에서 무일푼 신세로 인천 무의도로 올라와 고기잡이를 할 때만 해도 태극마크를 단 아들을 둘 줄은 꿈에나 생각했겠냐. 섬에서 나고 자란 너는 누가 시키지도 않았는데 축구공을 갖고 놀기를 좋아했어. 가진 것 없는 부모였지만 자식이 그토록 바라는데 뒷바라지를 해보자고 마음 먹었지.

넌 어릴 때부터 두 형들하고는 달랐단다. 성격이 온순하고 동네 어른들께 인사 잘하는 예의바른 아이였어.

먼 바다로 나가 고기잡이를 했지만 전국 축구대회에서 우수상을 받아오는 네가 있어 절로 힘이 났단다.
선장이 되었을 때는 하늘도 도왔는지 만선(滿船)을 이끌고 집으로 돌아왔지.
하지만 그것도 잠시뿐 욕심이 과했던지 사업에 실패하는 바람에 빚더미에 앉고 말았단다.
바다를 떠나 당장 먹고 살려니 아파트 건설현장을 떠돌아 다닐 수밖에 없었어.
어깨가 부서져라 시멘트를 날랐지만 네 엄마 역시 인부들의 밥을 지으며 생활비를 보탤 수밖에 없었단다.
할 수 없이 너를 할머니에게 맡겼지.
그래서였나.
네가 고등학교 1학년 때인가 축구를 그만두겠다고 집을 뛰쳐나갔을 때 아버지의 가슴은 무너져 내렸단다.
수소문 끝에 8개월 만에 너를 찾았는데 훈련이 너무 힘들다고 했지.
이왕 시작한 운동이니 끝까지 한번 열심히 해보자고 아버지와 약속해 주었지.
하지만 대학교 1년때 또다시 운동을 포기하겠다며 대전 어느 공사판에서 벽돌을 지어 나르던 너를 마주했을 때는 심장이 멎고 말았단다.
아버지가 걸어 온 공사판의 길로 너를 들어서게 할 수는 없었어.
하고픈 말이 많았지만 가슴 속에 묻어둘 수밖에 없었단다.
아버지는 이제 죽어도 여한이 없을 것 같다.

온가족의 열띤 응원을 하고 있는 모습 (좌로부터 아버지, 어머니, 할머니)

프로축구단에 입단할 때 받은 연봉을 아버지의 통장에 고스란히 넣어주었을 때 얼마나 울었는지 아니….
얼마전 한국 선수로는 유일하게 골드컵 '베스트 11'에 선정됐다는 소식에 할머님이 많이 우셨어.
기껏해야 돼지비계 넣고 김치찌개를 끓여준 게 전부인데 가족의 기대를 저버리지 않고 훌륭하게 성장해준 네가 고맙고 기특했기 때문이란다.
항상 남을 배려하는 따뜻한 마음을 가진 너이기에 별명이 '숨어있는 황태자'라고 하더구나.
조상을 하늘 같이 모시고 어른을 공경하는 마음이야 너를 대신할 수 있겠니.
이번 어버이날 무의도 선창의 식당 고모님께 부탁해 돼지 3마리를 잡아 동네 어른들에게 대접하기로 했다.
부디 몸조심하고 16강 진출의 염원을 달성해 주실 바란다.
아버지는 너를 믿는다.

〈Kyung hyang. 6. 5〉

남일의 어린시절

사실 나도 팬들이 요즘처럼 남일이에게 큰 성원을 보내는 이유를 잘 모르겠다.

다만 고맙다는 생각뿐이다. 하지만 남일이의 어릴 때를 떠올려 보면 남다른 데가 있었던 것 같다.

남일이는 인천에서 배를 타고 들어가는 무의도라는 섬에서 77년 3월 14일에 태어났다.

4~5살 때부터 팬티만 입고 하루종일 백사장에서 뛰어 놀던 모습이 눈에 선하다.

그때는 온몸이 새카맣게 타서 눈빛만 반짝반짝 했다.

그 시절부터 요즘과 같은 성격이 있었다. 도무지 남에게 지기 싫어했다. 삼형제 중 막내지만 큰 형이 동네에서 놀다가 누구한테 맞고 들어오면 가만 있지 않았다.

둘째형과 같이 나가 꼭 때려 주고 들어 왔다.
자기보다 나이 많은 동네 형들 한테도 그랬다.
싸움이라도 붙으면 기어코 한 대라도 더 때리고 도망쳐 들어오고는 했다.
맞고 지내는 것을 견디지 못했다.
또 말수는 별로 없지만 남을 웃기는 재주도 있었다.
6살때 인천으로 나와 송월초등학교에 다닐 때 학교에서 인기가 좋았다.
여름날 학생들이 졸음을 참지 못하는 시간이면 선생님이 남일이를 불러냈다. 그러면 5~10분 정도 휴식시간을 가지면서 학생들을 웃겨 잠을 다 깨웠다고 한다.
머리카락, 귀, 눈썹을 따로따로 움직이는 독특한 재주로 그랬던 것 같다.
축구는 초등학교 3학년 때 시작했지만 사실 나는 반대했다.
공부를 잘 했기 때문이다.

제31회 춘계중·고축구연맹전 고등부 우승 (95년 3월)

당시 성적표에는 대부분 '수'와 '우'였다.
체육뿐 아니라 국어도 좋아했다. 그래서 왜 힘든 길을 가려고 하느냐고 야단도 쳤지만 죽어도 축구를 하겠다고 했다. 막을 수가 없었다. 자기가 그렇게 고집스럽게 시작했기 때문인지 이후에는 고달퍼도 그런 기색을 하지 않았다.
힘들다는 말도 없었다. 아마 그러면 '축구를 하지 말라고 하지 않을까' 걱정했던 것 같다.
축구부에서는 곧잘 주장을 맡았다. 초등학교 때도 그랬고 중·고·대학 때도 주장이었다. 리더십이 있다고 했다.
어려운 처지에 있는 후배들을 잘 감싸주기도 했고 선배들에게도 잘했다. 남일이는 부평동중 시절을 좋게 기억한다. 1학년 때부터 주전으로 뛰었고, 3학년 때는 전국대회 5관왕을 했다. 당시 전관왕을 할 수도 있었는데 시즌 마지막 대회에 무슨 이유로 부평동중을 나오지 못하게 했다고 들었다.
요즘처럼 인기가 오르기 전까지는 당시를 가장 화려했던 때로 말하곤 한다.

⟨Daily Sports. 6. 26⟩

N1... PAN LOVE LETTER

사랑해요, 남일오빠

오빠 넘 귀여워여. 죽겠어여...
엉엉. :¨ㅠㅠ¨:
어째 그렇게 귀여운 거시에요...

미치게써여...
오빠ㅏ 나온 영상보니깐 넘 저아여..
운동화 650만원 낙찰됐다고 웃으시는데...
ㅋㅋ
박지성 오빠랑 그렇게 친하시다고요..?..
ㅋㅋ
조아요. 조아.
오빠ㅏ..
박지성 선수도 귀여운데.
그래도 오빠가 더 귀여워요...
사랑해요...   네티즌 사랑해요

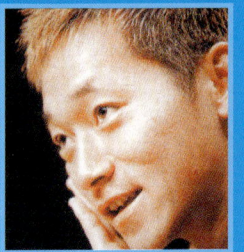

남일선수 손이 무지 이쁘시네요...

오늘은 남일선수 사진보다가 우연히 알게 됐어요.
남일선수 손이요.*^^*
무지 예쁘시던데요.ㅋㅋ
길고 가느다란게... 꼭. 여자 손 같았어요..^^
남일선수 그렇게 모든게 다~~ 이뻐서.. 너무 완벽한거 아니예요?
ㅋㅋㅋ 그래도 사람인데 부족한 점이 있어야죠~~*^^*
농담이구요...
신문에서 팬들 성원받으시면서 훈련하는 모습봤어요.
근데... 비 맞으시면서 하시던데...
몸조심하셔야죠.. 훈련해야되는건 알지만. 걱정이 돼서요..*^^*
열심히~~~ 열심히 하셔서 꼭... 그라운드에서 좋은 모습 보여주세요.
^^
남일선수는 그라운드에서 뛰는 모습이 젤루~~~ 사랑스러운거 아시죠?
첫째도 건강~!! 둘째도 건강~!! 셋째도 건강!! 아시죠?
남일선수 아버님도 건강 않좋으시다고 하던데...
빨리 쾌유하셨으면 좋겠어요~~*^^*
이렇게 걱정하는 애틋한 제맘 아시죠?!ㅋㅋ
항상 뒤에서 열심히 응원하겠습니다..^^
-BY. 부라보남일☆:)

                                    네티즌 부라보남

♡南一二萬四랑下께요
♡독一加셔두홍이잊지마세요

그냥 오빠가 너무 보고 싶어서 씁니다. 근데요
오빠 정말 독일가는 거 맞아요
얘기가 되고 있는 데 가실 것 같다고 하시니까.
정말 애가 탑니다. 저는 오빠가 독일가셔서 더욱
더 멋진 선수가 되어 돌아오셨으면 좋겠어요.
그리구요 더운데 건강조심하시구요.
꼭! 많이 익힌거 드세요.
요즘에 날씨가 더워서 음식이 잘 상해서요.
남새 후후 맡아 보시고 드세요. 그리구요 더운데 훈련하시기 정말
힘드시겠어요. 오빠 인터뷰 보니까 가고 싶은 데 마음대로 못 가시고
행동과 말이 조심스러워진다고 하셔서 그리고 스타라는 수식어가 너무
싫다고 오빠는 스타가 아니라 멋지고 훌륭한 축구선수에요.
다만 여자애들이 오빠의 수려한 외모와 축구실력 때문에 반해서그러는
애교라고 생각해 주세요.
저 또한 아무튼 남일오빠 더운데 운동 열심히 하시구요.
시원한 물 많이 드세요. 더운데 운동 너무하시다가 탈진할지도 몰라요.
오빠는 너무 열심히 하시니까. 걱정이 더되요.
그럼 밥 거르시지 마시고 꼬박꼬박 잘 드시구요. ♡ 해요.

네티즌 ♡南

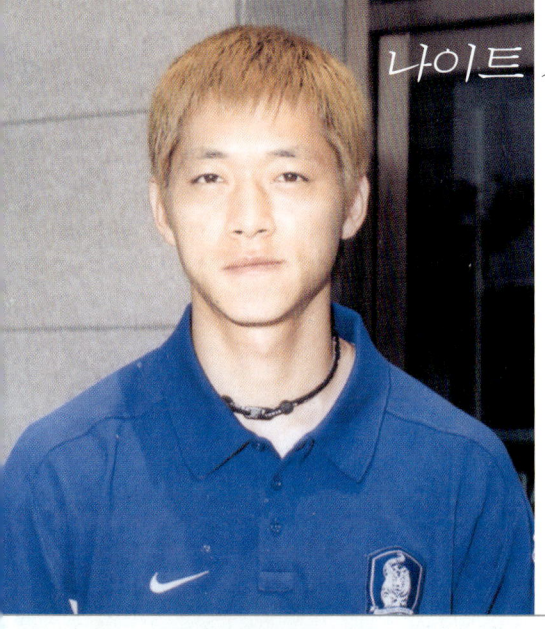

나이트 가치가요. 남일오빠~

남일01 오빠ㅏ~^^~
살앙ㅎㅐ여!~
ㅅ.ㅅ
내 사랑 남일~
ㅋ.ㅋ
사랑하구요~!!
ㅋㅋ
마지막 으루 한마디~!
나이트 100번 쏠게!
~가자~!ㅋㅋ
나이트 가치 가요~!
남일ㅅㄱㄹㅂㅎㅂ♡♥//

네티즌 꽃보라男일

김남일 오빠 파이팅!

김남일 오빠 안녕하세요?^-^;
전 수진이라고 해요 ㅠ.ㅠ
오빠가 이 편지를 보시면 좋겠지만..
만약 제 편지를 보았다면 카페에 글 많이 올려
주시고..
이 카페 사랑해주세요♡-♡
다른 오빠들도 좋지만 오빠두 멋있어요. TM
오빠는 언제 은퇴할꼬에요? 축구에 계속
살아남아서..
우리 한국팀을 빛내주세요..^-^;
알겠죠? ^^; 오빠 부탁할게요 ♡~
오빠는 한국팀을 빛낼수 있는 능력을 가지고
있으니까 해낼거에요^.^
그럼 이만 쓸게요.. 이 카페에도 많이 이용해주시기
바랄게요^^;
★BEST MF.김남일★TM
살음훼요^^;♡

네티즌 사릉훼요

남일이오빠, 안녕
오빠한테, 메일도 몇번이나 보니
자꾸, 되돌아오더군요. ㅠ-ㅠ
아무래도, 오빠 메일 계정 용량
이를 더불어, 오빠한테 꼬욱 해
웬만하면, 메일 삭제할건 좀 삭
내 메일도 좀 받아봐요; 엉엉 –
물론 오빠한테 온 메일들 모두
나도 오빠한테 메일 보내고 싶
아님, ID를 하나 더 만들던지
아~내 ID, 하나 드릴까요? 하
오빠가, ID 달라고만하면~ ID
오빠한테, 내 ID 주는것도 영
혼자서, 주접떨어서 미안해요. –

오빠, 다 나으셔서 정말정말 다
솔직히, 오빠야 언제든지 멋있지

정말로~ 오빠가 제일 멋있어보
당연히, 오빠가 그라운드위에서
이거든요;
정말 멋있어요. 〉_〈 꺄르르-♡

하루빨리, 전남으로 복귀하셨으

아차차, 오빠 --- 8월 28일에 울
한껏, 기대하고있어요. -ㅎ

저, 울산 살거든요
당연히, 그때 오빠보러 갈꺼에요

플랜카드, 예쁘게 만들어서 갈터
제 닉네임, 보이시죠? "남일아뻠
"태클걸어남일"도 되구요. ^-^ㅎ

언제나 행복하시구요.
무엇보다도--- 언제나 건강하셔
오빠께서도 충분히 잘 알고 계시
오빠, 사랑해요---
8월 28일에 봐요-♡ (무슨 연인

울산의 간판소녀 , 남일이부인 "진애"

신듯...
은 말이있어요-♡
ㅠ;

무 소중하겠지만,
쪄겠어요.ㅠㅠ

-_-;
줄게요: 베시시:)
+ㅁ+ 크하하;

♡"

가 제일 멋있어보

요. +_+
?:

...
내사랑, 김남일씨에게...

옥 기억해주시구요.
요---☆

-!!!

-_-ㅋㅋ)

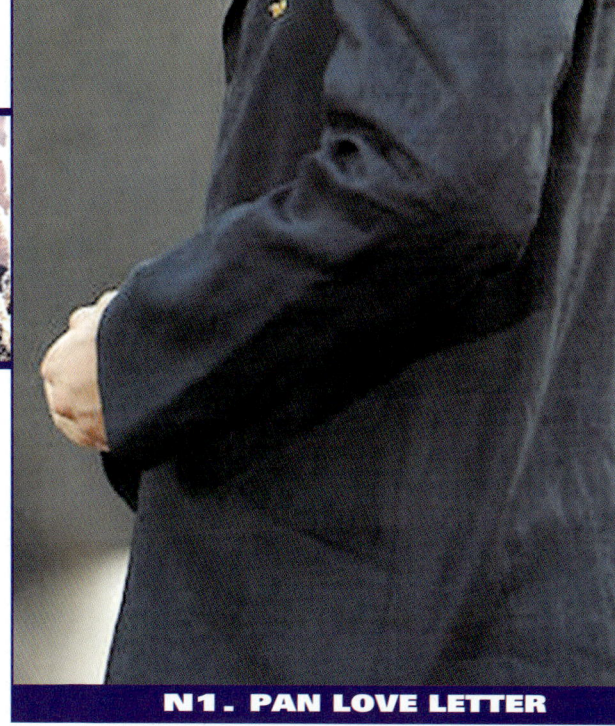

N1. PAN LOVE LETTER

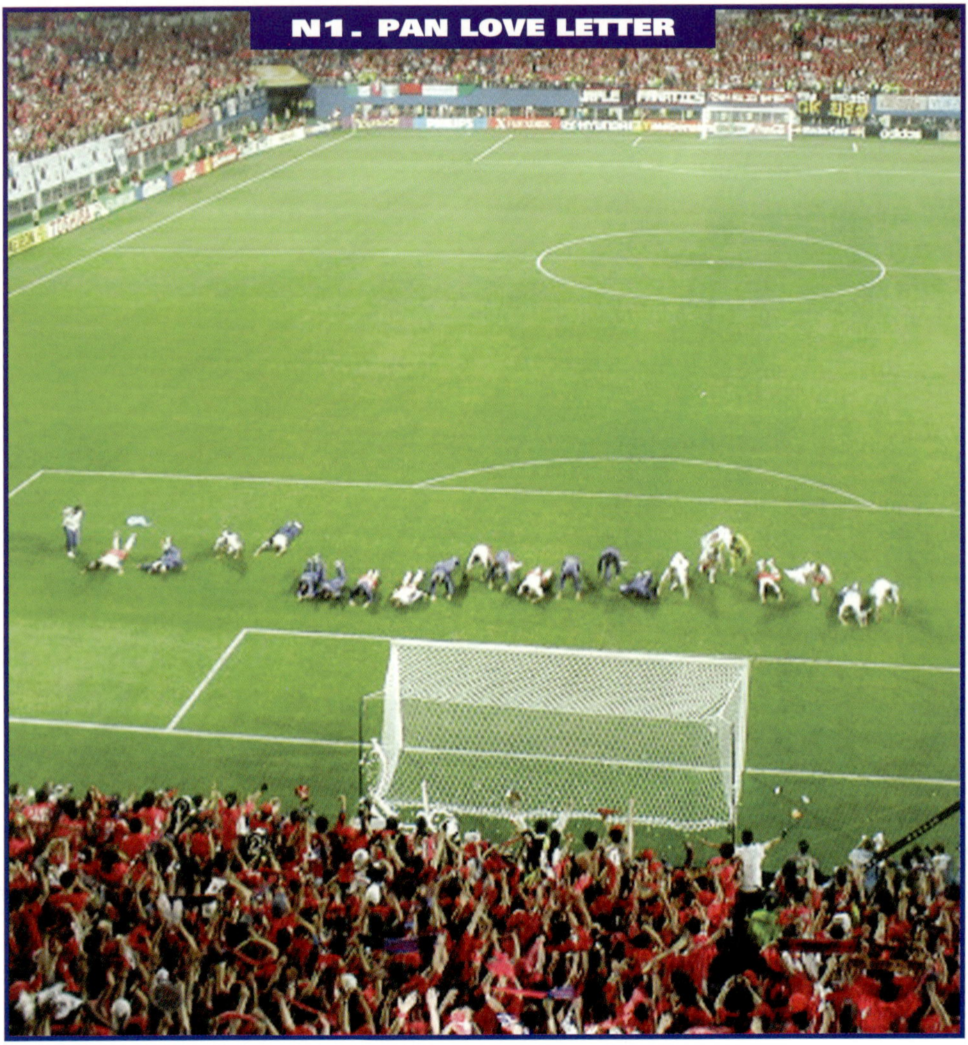

N1. PAN LOVE LETTER

꽃미남~ 김·남·일

이 세상에서 젤루 멋있는 사람은? 김·남·일·
이 세상에서 제일 축구 잘 하는 사람은? 김·남·일·
이 세상에서 가장 착한 사람은? 김·남·일·
이 세상에서 가장 터프한 사람은? 김·남·일·
이 세상에서 가장 웃음이 매력적인 사람은? 김·남·일·
이 세상에서 가장 사랑스러운 사람은? 김·남·일·
오빠만 이세상에서 사랑해요~♥

네티즌 ★사랑이

남일오빠 이름의 참뜻??

金 南 一 ⇒
남일 오빠 이름의 한자가 이게 맞는지는
모르겠지만, 우리가 아는…
한자는 이 글자들…
진짜로는 더 깊은 뜻이 담겨 있겠지만…
풀이를 하자면…
남쪽에는 하나뿐인 사람!!
역시… 이름답게 남일오빠는… 우리에겐
하나뿐인 님입니다.
I♡愛♡남♡1   네티즌 * 센스美 *

오늘은 토요일… 오빠는 어제 왔넹.. ♡

와~!!
어떻게 이렇게.. 자주 올수 있나여? 거참.. 신기신기..ㅋㅋ
오빠..나 월요일 부터 목요일 까지..수련회 갔다왔음..
오빠.. 보고싶어 죽는줄 알았슴..ㅋㅋ 엇.. 금방 여인천하 재방송
보는데.. 중전이 돌아가셨다네.. 흐미.. 안타깝다..유동근이랑..
전인화랑.. 디게 잘어울리드라구.. 오빠랑.. 나두 잘어울릴것 같은데..
오빠는 내 얼굴 한번두 못봐서.. 좀 그렇네..ㅋㅋ
나는 가족얼굴 담으루.. 오빠얼굴 젤 많이 보는데..
크하하핫.. 뿌듯하다..ㅋㅋㅋ
지금.. 오빠는 훈련하구 있겠네.. 날씨 더운데 오빠 더위안먹게 조심
하구..그노무 발목 진짜 조심해야도 ㅑ.. 흐함.. 잠온다..ㅋㅋㅋ
낮잠자러 가야징.. 오빠두 유럽진출하면.. 우리 잊지말구 힘들면
우리 팬들을 생각하라구.. 왠지 오빠 오늘 새벽에 들어올것 같네.. 흠..
으함.. 잠와.. 오빠 난중에 보자..(?)

N.1 PAN LOVE LETTER

오빠 저 오늘 아침에…

오빠 안눙하세요~!!!
오늘 아침에 할 일 없어서… 플랜카드 만들었어여…
얼래는 도둑남일로 할려고 했는데… 남일을 먼저 하는 바람에
남일도둑으로 했어여 ^^ 앞에는 오빠 사진 붙쳤어여…
컴퓨터로 뽑아서 〈글씨〉 손이 떨려지고 삐뚤빠뚤 이에여……^^
동그람이는 찌그러진 동그라미고…^^
플랜카드 4번째로 만든건데… 그래도 만족합니다…
내가 이 플랜카드 들고 경기 갈꺼에여… 그니간 꼭 찾아봐…
작은데 보일까……^^ 오빠 경기 빨리 뛰시길 바라고여…
저 이만 가겟습니다!

네티즌 도둑남일

이 열기가 계속 유지될수 있을까요?

위에 있는 질문 무슨 뜻인지 남일오빠 대충 짐작은 가시겠죠?
오빠의 인기가 계속 유지 될 수 있을까? 하는 의문이예요…
메스컴이란? 매개체가 오빠를 하나하나 무너뜨리고 있는지 모르
겠네요. 걱정돼요… 오빠는 축구선수잖아요.
축구선수란 직업 어린아이도 쉽게 알꺼예요…
그라운드 안에서 공 하나만 바라보고 질주하는 거…
축구선수는 연예인이 아니잖아요. 오빠께서 예전처럼 다른 것은
생각말고 공만 바라봤으면 좋겠어요.
오빠가 있는 자리에서 최선을 다하는 싸커플FP이어…
지금에 이 인기가 아직까지 오빠가 쌓아올린 눈물과 땀방울들을
한순간에 무너뜨릴지 생각은 해보셨나요?
정신 차리세요!! 오빠는 축구선수예요…
지금 처럼 오빠 몸 관리하고 다른 데는 신경 안쓰는 거예요.
예전에 냉정했던 남일오빠 아니 김남일 선수의 모습이 보고
싶습니다…
오빠 힘내세요!!
조금만 더 노력하자구요!! 사랑합니다…

　　　　　　　　　　　　　　　　　　　　　네티즌 홀랑벗자

남이리 오빠 사릉훼요

오빠 아능하세여?
오빠를 사랑하는 소녀입니다.
아직도 발목 아프세여?
빨리 나으시그여.
어제 카페들어 왔었는데
채팅 못해서 아쉬웠어여.
남이리 오빠 사랑해여.
남이리 오빠 파이팅~~

PS. 오빠 이렇게 글을
쓸땐 피에스가 없으면…
사랑하는게 아니래요.
그래서 피에스 씁니다.
오빠 사릉훼요.

　　　　　　네티즌 ㄴ★-r엽

♡ 김…남…일… ♡

우리에게 영원한 대표팀
미드필더 축구선수로 남을 것입니다.

N1. PAN LOVE LETTER

아싸! ~김남일 춤 한번 춰 보자

오빠? 오빠? +ㅇ+ 요즘 무지하게 덥죠~?
어제 포항이랑 했을 때 이길 수 있었는데 아깝다.
진짜 진짜 꼭 이기길 바랬는데...
근데 이동국 선수의 골세레모니 보고 뻑 갔어요.
하지만 5초 후에 다시 재정신으로 돌아왔어요.
알려요. 김남일 ♥ -나이트광 남일-

네티즌 나이트광

金.南.一. 이라는 남자를 파해쳐 보자

눈빛이 느끼해서 귀여운 남자…☆ 몸매가 미끈(?)한 남자…☆
나같이 착한 여자 좋아하는 남자…☆(죄송합니다.)
아무 옷이나 잘 어울리는 남자…☆
어렷을 때부터 귀여웠던 남자…☆
힘들었지만 이겨낸 진짜 멋진 남자…☆
할머니를 좋아하고 아낄 줄 아는 남자…☆
축구를 너무나도 잘 하는 남자…☆
여자들의 마음을 다아 뺏어버린 매력적인 남자…☆
깡이 쎄도 깜찍한 남자…☆
나이트 가서 밤도 샐줄 아는 남자…☆
을용이 페널킥 실수도 혼내고 욕할줄 아는 남자…☆
미국놈들과 9:1로 싸워도 절대 꿀리지 않는 남자…☆
할머니한테 잘 보이는 손자가 되고 싶어 머리도 노랗게 물들일 줄 아는
착한 남자…☆ 안 바쁜데도 바쁜척 할 수도 있는 남자…☆
욕도 잘하는 남자…☆ 지성이랑 종국이랑 스캔들난 엄청난 남자…☆
한여름에 가죽장갑 끼고 겨울니트 입고 사진도 찍을 줄 아는 남자…☆
눈이 너무 맑은 남자…☆ 얼굴이 조각스럽게 잘 생긴 남자…☆
내가 내가 너무 너무 좋아하는 남자…☆

네티즌 ♡南.一.코.딱.지♡

I LOVE 김남일.. ♡

눈빛이 느끼해서 귀여운 남자.
축구를 너무나도 잘하는 남자.
깡이 쎄도 깜찍한 남자.
나이트 가서 밤도 샐줄 아는 남자.
안 바쁜데도 바쁜척 할 수도 있는 남자.

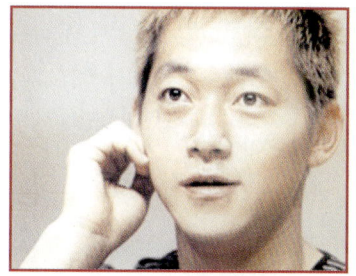

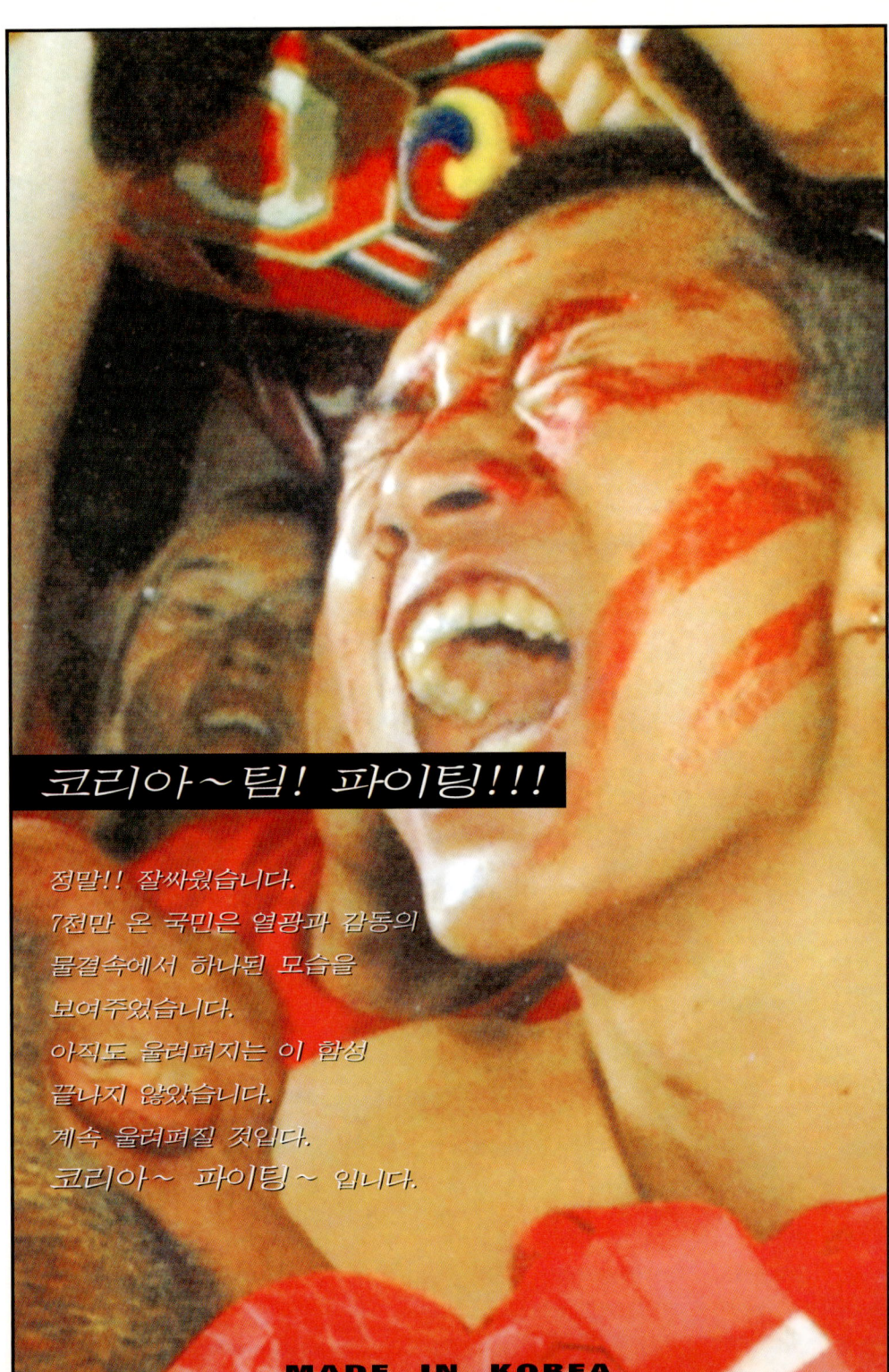

진짜루 미안하고요. 사랑해요. ♡

네티즌 박납주

안녕요-
오빠.저에요. 지연이-. 신지연.
[아까.글올렸는데. 깔려서. 다시-^-^;;]
저번에. 오빠. 밉다구. 글. 올렸는데. 'ㅅ'///
그거. 진짜릉. 미안해요. ^-^;.
그땐. 오빠. 열애설만. 보궁. .. ..
오빠. 못믿구. 신문만. 보고. 그런거. 진짜.
미안해요. -_ㅠ.
저. 그글 (오빠밉다고한글). 올리고. 진짜루.
얼마나. 속상했다구요.
오ㅐ. 그랬었지.. 하면서. -_ㅠ.
그리구. 그. 열애설만. 믿으면서. 요. 며칠간.
얼마나. 우울해있었다구요. 애들이. 다. 절.
피했었어요. -_ㅠ. 신경이. 곤두서서.
애들이. 말시키면. 짜증만냈었거든요. ;;;
애들한테. 이렇게. 피해주고. 우울모드로.
되어있었는데. 아까. 친구가 그러대요.
그저. "뻥"이라궁. ^-^. 소리지르구. 난리.
났었어요. 아까. ;;
애들한테. 그거. 말하고 나. 기분. 다. 풀렸다.

그래떠니.
애들이. 만나면. 때려줄거라고. :::: ㅋㅋ
ㅎㅎ. 저. 진짜. 누굴. 이렇게. 좋아해본적.
첨이에요.
아. 남일오빠. 진짜. 사랑하나봐요. 제가.
그리구 남일오빠. 내년에. 독일루. 가신다구요?..
음.. 얼굴. 못보는건. 아쉽지만.
오빠가. 원하는. 거라면.. 뭐.. 기다릴게요...
아님뭐.. 가치가던가. ㅋㅋㅋㅋㅋ[::::::::]
오빠. 사랑해요-. 담에. 글. 또. 올릴게요-.
빠ㄱ빠ㄱ ..♡:.*..♡*..♡:.*..♡*..♡:..*..

안에+갇혀+버렸어

네티즌 박납주

네티즌 신화

여러분 이 일을 아시는
분들도 계시고 모르는 분들이
계십니다.

우리의 남일 오빠가 7년동안
일편단심으로 한여자를
사랑하고...

지금은 사귀고 있다는
소문이 좀 들리더군여.
근데.. 제가 어쩌다보니깐.
다모임을 드르가게 ^^*
됐습니다.

거기에 제가 좋아하는 남일
오빠 소식이 있길래 봤는데
글쎄!!! 남일이 오빠가
7년동안 일편단심으로
사랑한 여자친구가 있다고..
제가 그 글을 직접
읽었습니다.

이렇게 써져 있더군여..
"여러 연예인들에 의해
둘려쌓여서.. 스켄들 등

여러가지 일이 있었는데...
저는 7년동안 사권 여자
친구가 있다고"...

이러고 써져있더군여.
전 그 글을 읽으면서 한편
으로는 아쉬웠고,
한편으로는 감동을 받았고
또. 다시 한번 남일 오빠를
다시 보게 됐습니다.

남일 보빠 앞으로 K리그
열심히 하시구여.
다치지 않게 조심하시구여.
오빠 화이팅 *^^^^*

pan story BOX

월드컵 이후 네티즌들 사이에서 폭발적인 인기를 모으고 있는 김남일의 무심으로 던지는 화두는 그의 인기를 더욱 부채질하고 있다. 월드컵 전후로 터프가이 김남일이 남긴 말들을 모아 본다.

- ■ "욕을 해줘야죠."
  - 이을용 선수가 미국전에서 페널티킥을 실축한 뒤 기자들이 위로해 줬느냐고 묻자.

- ■ "그럴만한 선수가 한명도 없다."
  - 이탈리아와의 16강전을 앞두고 이탈리아 선수중 좋아하는 선수가 있느냐고 묻자.

- ■ "지단이 못뛰게 되면 내 연봉에서 까라고 하세요."
  - 한국과 프랑스와의 평가전에서 간판인 지단이 김남일의 태클로 부상, 월드컵 출전이 어렵게 됐다는 의혹이 일자 한 기자가 '지단의 연봉이 얼만데…'라고 질문하자.

- ■ "피구를 가장 좋아했지만 이젠 박지성이 가장 존경스럽다."
  - 포르투갈과 경기를 끝낸 뒤 기자들의 질문에…

- ■ "지능적인 파울 연마에 많은 신경을 쓰고 있다."
  - 월드컵 개막을 앞두고 무엇을 준비하느냐고 묻는 말에…

- ■ "수표를 처음 받고 29만원인줄 알았어요."
  - 포상금 2억 9천만원을 받고 난 뒤에…

- ■ "나이트에 가고 싶은 김남일입니다. 오늘 즐거운 하루 되십시오."
  - 광화문 광장에서 열린 국민대축제 행사장에서의 인사말에서…

- ■ "뒷풀이 가야 돼요"
  - 이탈리아전에서 부상을 당한 후 주치의가 병원에 가서 치료를 받자고 말하자.

- 소개할 때
MC : 김남일 선수 아버님 나오셨습니다.
아버지 : 김남일이 아빱니다.

- 포르투갈전에서 설기현 선수의 골이 노골로 인정됐을 때
MC : 아! 저때 정말 안타까웠어요.
아버지 : 저는 뒤로 나자빠져 부렸습니다.

- 남일 선수 얘기가 나오자
MC : 고집이 참 세신가봐요?
김남일 선수가 아버님을 닮아서 그런가요?
아버지 : 네, 저 닮은 것 같습니다.

MC : 저 날 김남일 선수 때문에 해프닝이
일어났다는 것을 알고 계셨나요?
아버지 : 네, 모르고 있습니다.

김남일 아버지 TV 인터뷰...

- 남일 선수 어릴 적 사진을 보며...
MC : 누가 김남일 선수인가요?
아버지 : …
MC : 아버님도 모르시나요?
아버지 : 아! 저 뒤에 모자지만 나온 게 김남일입니다.
MC : 누가 김남일 선수인가요??
아버지 : 아! 10번이 깁니다. 10번이 김남일입니다.

- 고종수 선수와 찍은 사진을 보며
MC : 두 선수가 친한가봐요?
아버지 : 네. 이동국, 고종수, 박지성… 다 친합니다.

- 남일 선수 얘기가 나오자
아버지 : 순진하고 착합니다.
차 타고 가다 어르신이 지나가면 내려서 인사할 정듭니다.

- 마지막으로...
MC : 김남일 선수 맛있는 거 많이 드시게 해야겠어요.
아버지 : 맛있는 라면 비계 넣고 김치찌개하면 좋아라 합니다.

웃기는 스토리 박스 (1)

N1 이탈리아전 project Story Box

웃기는 스토리 박스 (2)

히딩크는 왕따

⑥ "개쉭을 다 뒤졌어... 감독을 뭘루 아는거야?"
화내는 히딩크 형!!

⑦ "쟤를 때려 버릴까?"
토라진 히딩크 형을 위로하는 코치..

⑧ "쪽팔리게 왜그래요? 화내니깐 영구 같자나..."
말리는 코치

⑨ 삐진 히딩크를 위해 달려드는 설기현.. 허나, 그것은 선수들의 작전.. ^^;
설기현의 한마디... 덥쳐?? 애들아!!

⑩ "새...쉐끼들 저리가~~" "야들아~~덥쳐~~"
취재진은 이렇게 얘기하지만 사실, 히딩크 다구리 당하구 있는 중이다.
'영웅히딩크' 48년만의 월드컵 첫승이 확정되는 순간 히딩크 감독이 선수들의 포옹을 받으며 오른 주먹을 불끈 쥐어 하늘로 치켜올리며 환호하고 있다. /부산=특별취재반

⑪ "땜때들 담에 오면 뒈졌어..."
혼자 락커룸으로 도망 온 히딩크!! 그러나, 선수들과 스탭들은 딩크형을.. 비웃는다.

당신있어.. 한국축구는 발전했습니다.

⑫
최고의 승부를 보여준 히딩크...

그에게... 한마디 합니다.

당신있어..
한국축구..
발전했습니다.

터프함이 느껴지는 일화

진짜인지는 모르겠지만 들은 이야기들??? (첫번째)

■ 미국과의 경기 때였다.

송종국이 미국 선수 한명과 몸싸움을 하다가 같이 넘어져 뒹굴었는데…
그때 송종국의 넷째 손까락이 조금 꺾였었단다.
그래서 송종국이 손가락을 만지면서 뛰고 있는데 어느새 보았는지 김남일이 다가와
"왜 그래?" 그래서 송종국이 넘어지면서 그랬다고 말하자. 김남일이 그 미국 선수를
두리번거리면서 찾더란다. 그리고나서 송종국에게…
"저놈이냐?" 하고 묻자 송종국이 고개를 끄덕였다. 김남일이 그 미국 선수에게
달려가더니, 계속 주위에서 알짱거리더란다.
그리고 심판 눈치를 살살 살피더니 심판이 안 볼때 그 미국 선수를 살짝 걸어차면서
던진 말… "너 죽고 싶냐?" 라고.
MBC가 내보내고 있는 월드컵 송을 개사한 '김남일 주제가' 역시 뛰어난 태클실력
과 승부근성을 적절히 비유해 유행하고 있다.

걸어-차. 걸어-차. 유 아 더(you are the) 깡다구

■ 한 이탈리아 기자가 인터뷰중 김남일에게 당연하다는 듯이…

"이탈리아 선수중 누굴 가장 좋아하나?" 라
고 물었는데 김남일이
"그럴만한 선수가 한명도 없다."
라고 대답해서 기자가 당황했단다.

■ 이탈리아전때 발목이 접질리는 큰
　부상을 당한 우리의 김남일…

들것에 실려나가기까지 했는데…
경기가 끝나고 주치의가 바로 병원에 가서
치료를 받자고 말하자.
절대 안간다고 우기는 김남일…
주치의가 이유가 뭐냐고 묻자.

"뒷풀이 가야 돼요…"

■ 제친구의 친구가…

월드컵 하기 전에… 옛날이었나 봐요
제 친구의 친구가 축구를 무지하게 좋아해서
프로축구도 자주 관람하곤 했는데,
그 친구가 경기 끝나고 나서…
김남일 선수에게 달려가서 싸인을 받았는데…
가까이서 보닌깐 너무 잘생겼더래요
그런데 싸인한 거 보닌깐…
장난 아니게 글씨를 못쓰더래요…
그래서 내 친구의 친구가 "글씨 욜라 못쓰네."
뒤돌아 서면서 조그마하게 얘기했는데…
그 소릴 김남일 선수가 들어가꼬…
"야"하고… 부르더래요…
순간 쫄았죠~ (김남일 선수 표정… 아시죠??)
"일로 와바!" 이러길래 가봤더니… 하는 말이…

"원래 잘 생긴 사람은 글씨를 잘 못쓰는 법이야"

■ 히딩크 감독이 오고 우리 선수들 선후배간의 위계 질서가 너무 강해

의사소통에 문제가 있다고 보고 형이란 말을 못하게 하고 이름을 부르라고 했다고
한다. 그리고 예전에는 선배들 식사 후에 후배들이 식사를 했는데
이제 한상에서 한꺼번에 식사를 하라고 했다나.
그리고 처음으로 같이 식사를 하던 날…
선배 후배 모두 쭈뼛쭈뼛하며 의자에 앉지도 못하고 어려워하고 있었는데…
그때 김남일 선수가 던진 한마디에 모두 쓰러졌다.!!!!

"명보야… 밥 먹자…"

■ 어느날 어디선가 가만히 남일군이 의자에 앉아 있었는데

한 여성팬이 오더니… "오빠~ 사인해 주세요"
라고 했답니다.
그래서 남일이 "어디에…?" 라고 하니까.
그 여성팬이 마땅히 할 곳이 없었는지 바지에
해달라고 했답니다.
남일은 좀 민망한지…
좀 주춤 거리더니… 갑자기
그 여성팬을 무릎에 떡하니 앉히더니 바지에
싸인을 했줬다는 말이 있더군요.
터프하지 않습니까.

터프함이 느껴지는 일화 N1짱

진짜인지는 모르겠지만 들은 이야기들??? (두번째)

■ 남일이 식당에 있는데…

남일팬 : 꺄~ 오빠~ 싸인해 주세요.
라고 했는데… 잠시 정적이 흐르더니…
뭔가 생각하더니… 단 3글자로…

"밥. 먹. 고."하고 했대요…"

■ 월드컵 전이었다나 봐요

갑자기 한 또 다른 여성팬이 남일에게 가더니
"천수오빠~ 싸인해 주세요. 천수오빠 너무
좋아요."
이랬대요… 근데 남일은 계속 그 여성을
쳐다보며 가만히 있었대요…
그리고 그 여성팬이 종이와 싸인을 내보이며…
"천수오빠 사인해 주세요"라고 하니…
남일이 뭐라고 쓱쓱 적었다더군요.
그리고 종이를 보니. 그 종이에는 매우 딱딱한 고딕체로 이천수라고 써져
있었다고 하더군요.
사실인지 아닌지는
잘 모르겠습니다만. 귀엽지 않나요.^^?

■ 어느날 남일이가 식당에서 나오면서

"에이, 귀찮아서 싸인해 달라 그러면 절대 안해 줄꺼야"
막, 이러면서 인상을 쓰면서 나오더래요. 그걸 듣고 사람들이 싸인받으려다가
주춤거리고 있을 때, 그 소리를 못들은 여자가 다가가서…
"오빠, 싸인 한 장만 해주세요.~" 이랬대요.
하기 싫은 듯 인상쓰고 있던 남일, 약간 인상쓰고 여자분을 쳐다보며,
하는 말… (종이를 잡으며) "줘봐요."
귀엽지 않습니까.

- 역시 미국전에서 있었던 일화... '얘가 왜 이래'

상대의 배를 턱 짚고 일어선 김남일. 미국 선수는 그 바람에 다시 넘어졌다. 그런데 심판과 눈길이 마주친 김남일은 미국 선수에게 친절하게 손을 내밀었다. 화가 난 미국 선수가 손을 확 쳐내니까. 김남일은 특유의 천진난만한 표정으로 씩 웃더니 '얘가 왜 이래' 하는 포즈로 손을 들어올렸다는 것.

- '김' 치먹은 힘으로 '남' 몰래 '일' 낸다는 김남일 삼행시도 유행...

거인 같은 유럽 선수들의 터프함에도 주눅들지 않고 당당히 맞서온 김남일. 네티즌들 사이에 한국중 가장 멋진 몸매를 지닌 것으로 선발된 그는 이번 월드컵에서 한국팀이 낳은 최고 인기선수로 끊임없는 화제를 이어갈 전망이다.

드디어 시작이다... 그토록 기다렸던 **월드컵**.....

기쁨의 순간들....

감동의 물결은 식을줄도 모르고... 승리의 행진곡은 계속이어지는데....

그들의 눈물과 좌절, 도전과 성공

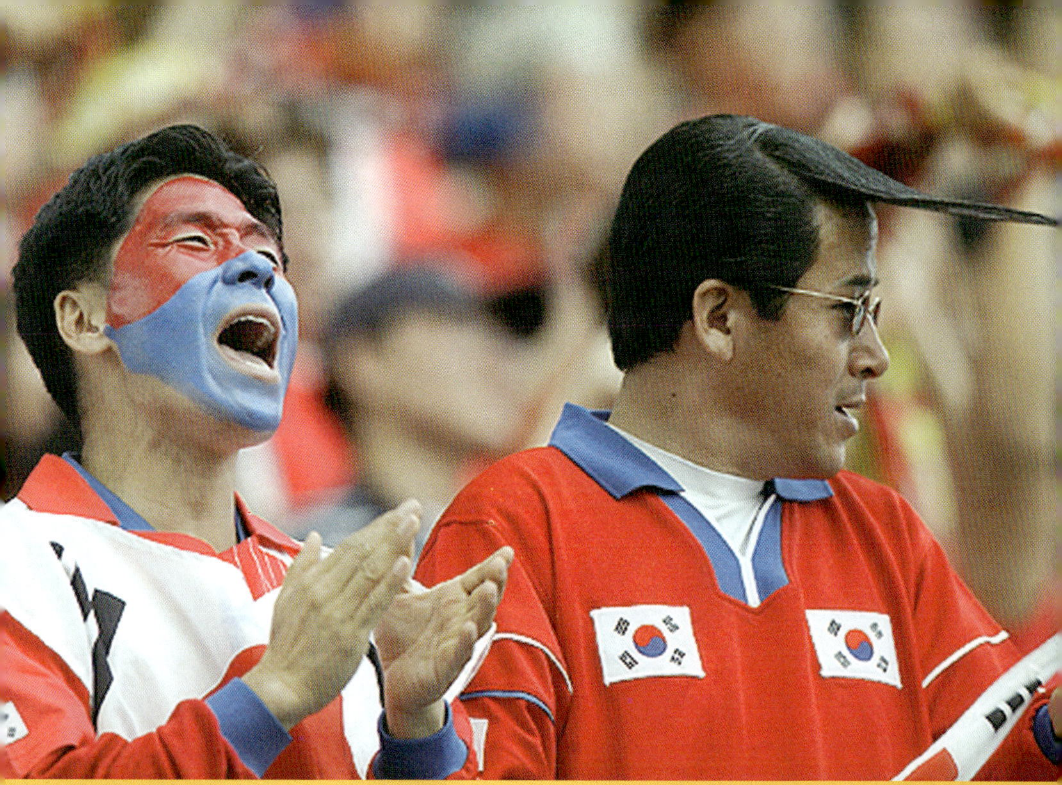

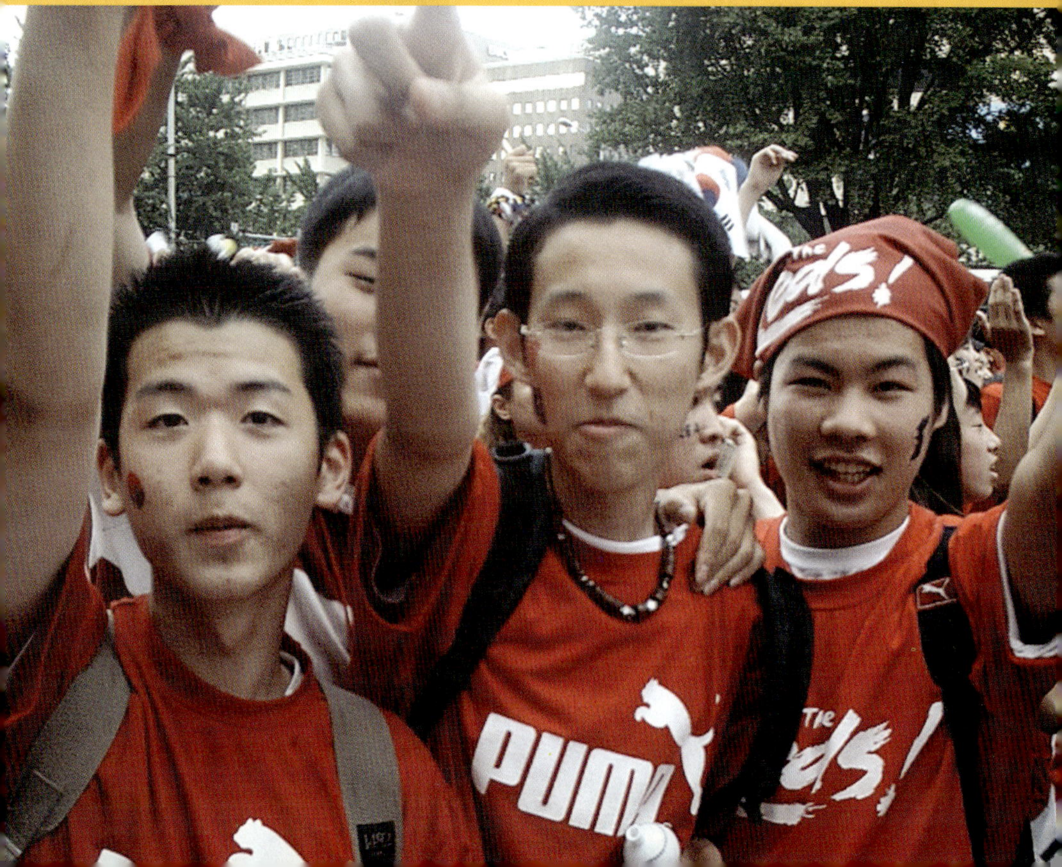

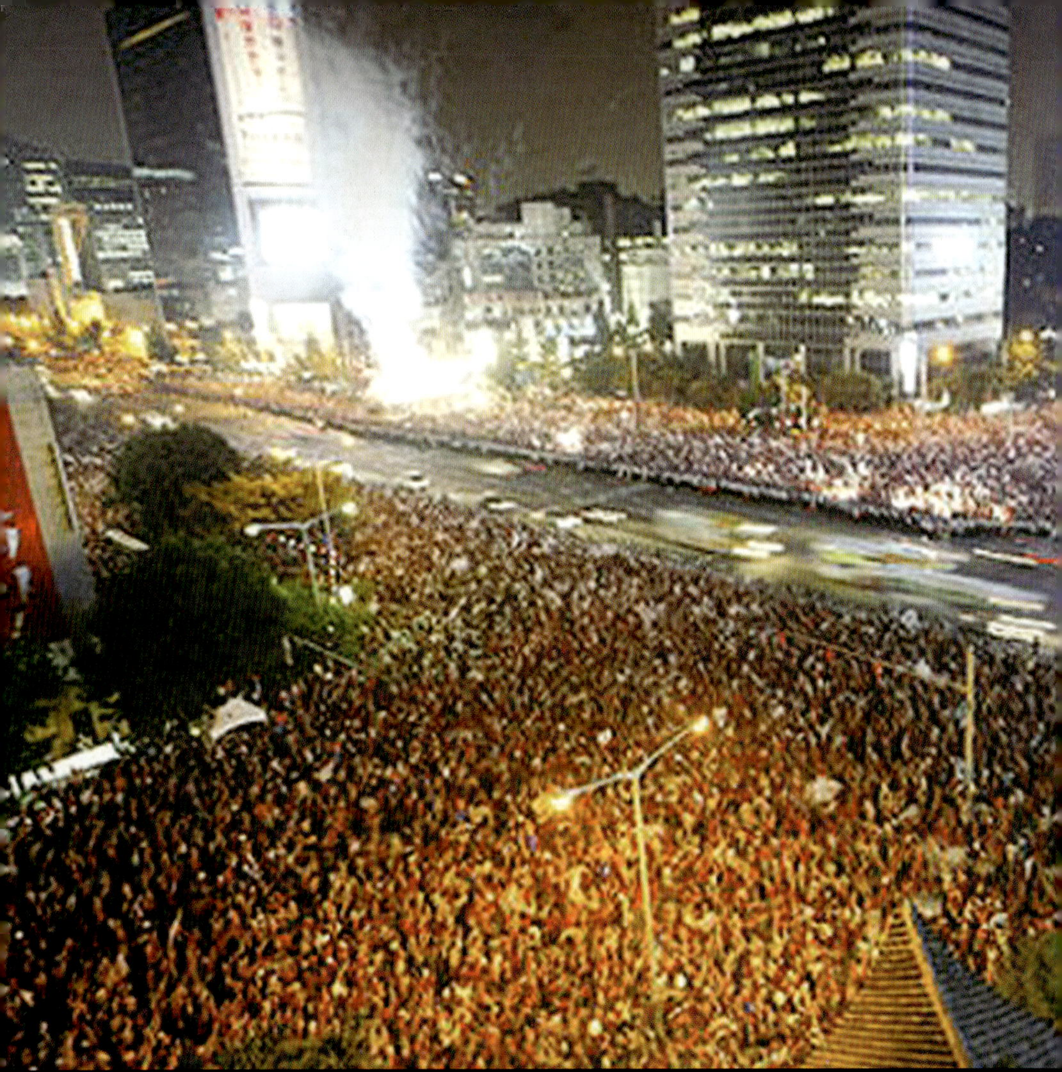

6월은 필승! 코리~아..

우리는 **대한민국**을 사랑합니다.

이 책을 펴내며...

내가 남일을 처음 만난 것은 1998년 가을로 기억된다. 서울에서 볼을 차던 우리 집 막내(이윤성)가 축구를 제대로 배우면 좋겠다고 하여 지인의 소개로 부평고 축구부를 찾아가 테스트를 받은 후 전학을 가게 되어 남일이와의 인연이 시작되었고, 졸업 후 한양대 축구부에 함께 진학했기 때문에 가까이서 지켜볼 수 있었다.

당시 부평고는 전국대회 출전을 불과 며칠 앞두고 있었는데 강대형 감독, 조정구 코치의 심기가 편치 않았다. 그리고 말끝마다 남일이… 남일이였다. 사연을 모르는 나로서는 한동안 도대체 남일이가 누군데 저러나 싶었다. 그 궁금증은 바로 풀렸다.

이미 신문이나 방송을 통해 알려진 대로 남일은 숙소를 이탈해 8개월째 복귀하고 있지 않았다. 팀에서는 절대적으로 필요한 존재였다.

남일이 아버님은 감독, 코치로부터 남일이를 찾아오지 않는다고 거의 매일 핀잔 아닌 핀잔을 들어야 했다.

당시 남일이 아버님은 동료 학부모들과 함께 남일이의 행방을 쫓아 식음을 전폐하다시피 하고 밤낮 없이 헤매고 계셨다. 장기결석을 하자 학교측에서는 제적시키겠다고 난리를 쳤고, 감독은 온갖 지혜를 짜내어 학교를 무마시키는 데 진땀을 뺐다.

그러나 남일은 돌아오지 않았다.

그러던 어느 날 토요일 오후, 마침내 부모님과 함께 운동장에 남일이가 나타났다. 당시 부평고는 몇년동안 뚜렷하게 성적을 내지 못하고 있었다. 대학 진학 티켓을 따기 위해서라도 최소한 4강에 올라야 했.

남일이가 합류한 후 2학년 때 2관왕, 졸업반이던 3학년 때는 주장으로서 3관왕을 이룩하며 부평고 전성시대를 열었다. 남일이 못지 않게 빼 놓을 수 없는 분이 있다. 바로 남일이 아버님과 어머님이시다.

남일 아버님은 무의도에서 배 한 척을 가지고 고기잡이를 하다가 사고가 나 더 이상 견딜 수 없어 인천으로 나와 공사판을 전전했다.
어머니는 공사판 인부들에게 밥을 해주는 함바식당에서 일을 하셨다.
할머니와 남일이 두 형까지 챙겨야 하는 눈물겨운 나날을 보내고 있었다. 또 남일이에게 용돈을 챙겨 주랴, 약 만들어 주랴. 어찌 궁핍하지 않을수 있겠는가. 넉넉하지는 않았지만 남에게 손을 내밀 정도는 아니었다. 그 당시 남일은 청소년 대표, 올림픽 대표로 선발되어 학교 시합에는 참가하지 못하는 경우가 가끔 있었다.
남일이가 경기장에 있던, 없던 관계없이 남일이 아버지는 남일 엄마에게 일 나간다고 해 놓고 경기장으로 직행한 적이 한 두번이 아니었다. 하루도 빼먹지 않고 일을 해 돈을 벌어야 했던 남일 아버님은 비오는 날이나 경기가 있는 날이면 어김없이 공치는 날이었다.
오늘 남일에게 주어진 영광은 결코 하루아침에 우연히 얻어진 것이 아니다. 남일네집 거실에 진열된 수많은 트로피와 상장들은 무엇을 말해주고 있는가? 그것은 바로 온 가족과 남일이 이룩한 땀과 노력의 결정체인 것이다.
책을 펴냄에 있어 부족한 점이 많으리라 생각된다. 다음에는 더 알찬 책을 만들어 남일에게 선물할 것을 기약하며…
남일에게 영광 있어라.

2002년 8월
발행인 / 이광희